MIMO

# Alfabeto

Edição bilíngue

Paul Valéry

# Alfabeto

ORGANIZAÇÃO, POSFÁCIO E NOTAS
Michel Jarrety

TRADUÇÃO
Tomaz Tadeu

autêntica

PROJETO GRÁFICO DA CAPA
Diogo Droschi

EDITORAÇÃO ELETRÔNICA
Conrado Esteves
Waldênia Alvarenga

REVISÃO
Graça Lima

EDITORA RESPONSÁVEL
Rejane Dias

Revisado conforme o Novo Acordo Ortográfico.



**Autêntica Editora Ltda.**

Rua Aimorés, 981, 8º andar . Funcionários
30140-071 . Belo Horizonte . MG
Tel.: (55 31) 3222 68 19
TELEVENDAS: 0800 283 13 22
www.autenticaeditora.com.br

**Dados Internacionais de Catalogação na Publicação (CIP)**
**(Câmara Brasileira do Livro, SP, Brasil)**

Valéry, Paul, 1871-1945.
Alfabeto / Paul Valéry ; organização, posfácio e notas Michel Jarrety ; tradução Tomaz Tadeu. – Belo Horizonte : Autêntica Editora, 2009. – (Mimo ; 5)

Título original: Alphabet
Edição bilíngue: francês/português
ISBN 978-85-7526-441-6

1. Literatura francesa 2. Prosa 3. Reflexões I. Jarrety, Michel. II. Série.

9-10443 CDD-848

Índices para catálogo sistemático:
1. Prosa : Literatura francesa 848

## Agradecimentos

Agradeço, em especial, a Martine Boivin-Champeaux, que generosa e gentilmente nos concedeu a permissão para a publicação desta edição bilíngue do *Alfabeto* de Paul Valéry.

Agradeço também a Michel Jarrety, organizador desta coletânea e autor do ensaio e das notas que a acompanham, que me colocou em contato com a neta de Valéry e com a editora Le Livre de Poche.

Na editora Le Livre de Poche, a disponibilidade de Véronique Perovic foi fundamental para que a inclusão do ensaio e das notas de Michel Jarrety na presente edição se tornasse possível.

Finalmente, meu muito obrigado a Angelica Vier Munhoz que, em Paris, dispôs-se a descobrir as coordenadas de Michel Jarrety, que foi o que, em última análise, permitiu que este projeto se realizasse.

*Tomaz Tadeu*

# Alfabeto

Au commencement sera le Sommeil. Animal profondément endormi; tiède et tranquille masse mystérieusement isolée; arche close de vie qui transportes vers le jour mon histoire et mes chances, tu m'ignores, tu me conserves, tu es ma permanence inexprimable; ton trésor est mon secret. Silence, mon silence! Absence, mon absence, ô ma forme fermée, je laisse toute pensée pour te contempler de tout mon cœur. Tu t'es fait une île de temps, tu es un temps qui s'est détaché de l'énorme Temps où ta durée indéfinie subsiste et s'éternise comme un anneau de fumée. Il n'est pas de plus étrange, de plus pieuse pensée; il n'est pas de merveille plus proche. Mon amour devant toi est inépuisable. Je me penche sur toi qui es moi, et il n'y a point d'échanges entre nous. Tu m'attends sans me connaître et je te fais défaut pour me désirer. Tu es sans défense. Quel mal tu me fais avec le bruit de ton souffle! Je me sens trop étroitement le captif du suspens de ton soupir. Au travers de ce masque abandonné tu exhales le murmure de l'existence stationnaire. J'écoute ma fragilité, et ma stupidité est devant moi. Homme perdu dans tes propres voies, inconnu dans ta même demeure, muni de mains étrangères qui enchaînent tes actions, embarrassé de bras et de jambes qui entravent tes mouvements, tu ne sais même pas le nombre de tes membres et tu t'égares dans leur éloignement. Tes yeux mêmes se sont arrangé leurs ténèbres où ils rendent néant pour néant, et leur nuit regarde leur nuit. Hélas! comme tu cèdes à ta substance, et te conformes, chère chose vivante, à la pesanteur de ce que tu es! Quelle faiblesse t'a disposé, combien naïvement

Ao princípio, será o Sono. Animal profundamente adormecido; tépida e tranquila massa misteriosamente isolada; arca fechada de vida que transportas rumo ao dia minha história e meu destino, tu me ignoras, tu me conservas, tu és minha permanência inexprimível; teu tesouro é meu segredo. Silêncio, meu silêncio! Ausência, minha ausência, ó minha forma fechada, deixo todo pensamento para te contemplar com todo o meu coração. Fizeste para ti uma ilha de tempo, tu és um tempo que se desprendeu do Tempo enorme no qual tua duração infinita subsiste e se eterniza como um anel de fumo. Não há pensamento mais estranho, mais piedoso; não há maravilha mais próxima. Diante de ti meu amor é inesgotável. Debruço-me sobre ti que és eu e não há qualquer troca entre nós. Tu me esperas sem me conhecer e eu te deixo à espera por me desejares. Estás sem defesa. Que mal me fazes com o ruído de teu sopro! Sinto-me muito estreitamente o cativo da suspensão de teu suspiro. Através dessa máscara abandonada, exalas o murmúrio da existência estacionária. Ouço a minha fragilidade, e a minha estupidez está à minha frente. Homem perdido nas tuas próprias vias, desconhecido em tua própria morada, munido de mãos estrangeiras que acorrentam tuas ações, estorvado por braços e pernas que entravam teus movimentos, não sabes sequer o número de teus membros e te perdes na sua distância. Até os teus olhos se acomodaram às suas trevas, retribuindo o nada com o nada, e uma noite contempla a outra. Ai!, como cedes à tua substância e te conformas, querida coisa viva, ao peso do que és! Qual fraqueza te dispôs, quão ingenuamente tu me apresentas

tu me présentes ma figure de moindre résistance! Mais je suis le hasard, la rupture, le signe! Je suis ton émanation et ton ange. Il n'y a qu'un abîme entre nous, qui ne sommes rien l'un sans l'autre. Ma vigueur en toi est éparse, mais en moi tout l'espoir de l'espoir. Une suite de modulations insensibles tirera ma présence de ton absence; mon ardeur, de cette inertie; ma volonté, de cette plénitude d'équilibre et d'accablement. J'apparaîtrai à mes membres comme un prodige, je chasserai l'impuissance de ma terre, j'occuperai mon empire jusqu'aux ongles, tes extrémités m'obéiront et nous entrerons hardiment dans le royaume de nos yeux... Mais il ne faut renaître encore. O repose encore, repose *moi*... J'ai peur de retrouver de malheureuses pensées. Attendons séparés que le travail naïf et monotone des machines de la vie use ou détruise grain par grain l'heure qui nous divise encore. Je fus, tu es, je serai... Ce qui sera se déduit doucement de ce qui n'est plus. Voilà pourquoi ma tendresse anxieuse est sur toi... Or cette Chose s'agite, et cette forme change de forme, et les lèvres qu'elle semble tendre à soi-même, dessinent l'acte d'un discours. Personne à personne ne le prononce, et il y a un appel, une amour, une demande suppliante, un babil isolés dans l'univers, et sans attaches, et sans quelqu'un ni quelqu'autre... Il y a des essais de lumière, des efforts maladroits de résurrection. Allons! Voici *ma* fatigue, le miracle, les corps solides; mes soucis, mes projets et le Jour!

minha figura de menor resistência! Mas eu sou o acaso, a ruptura, o signo! Sou tua emanação e teu anjo. Não há mais que um abismo entre nós, que somos nada um sem o outro. Em ti dispersa-se o meu vigor, em mim toda a esperança da esperança. Uma sequência de modulações imperceptíveis extrairá minha presença de tua ausência; meu ardor, dessa inércia; minha vontade, dessa plenitude de equilíbrio e de prostração. Aparecerei a meus membros como um prodígio, expulsarei a impotência de minha terra, ocuparei meu império até às pontas dos pés, tuas extremidades me obedecerão e entraremos audaciosamente no reino de nossos olhos... Mas não é preciso renascer ainda. Ó repouso ainda, reponha-*me*... Tenho medo de encontrar pensamentos infelizes. Aguardemos separados que o trabalho ingênuo e monótono das máquinas da vida consuma ou destrua grão a grão o momento que nos divide ainda. Eu fui, tu és, eu serei... O que será decorre mansamente do que não é mais. É por isso que minha ternura ansiosa está sobre ti... Ora, essa Coisa se agita e essa forma muda de forma, e os lábios que ela parece oferecer a si própria esboçam o ato de um discurso. Ninguém a ninguém o pronuncia e há um apelo, um amor, um pedido suplicante, um murmúrio isolados no universo, e sem vínculos, e sem este nem aquele outro... Há ensaios de luz, esforços canhestros de ressurreição. Vamos! Eis aqui *minha* fadiga, o milagre, os corpos sólidos; minhas preocupações, meus projetos e o Dia!

Bouleversant les ombres et la couche, ramassé, détendu; divisant, rejetant les flots du linceul vague, l'être enfin se défait de leur désordre tendre. La vertu d'être Soi le parcourt. Être Soi le saisit comme une surprise; et parfois heureuse surprise, parfois un immense malheur. Que de réveils voudraient n'être que rêves!... Mais sur-le-champ l'unité s'empare des membres, et de la nuque jusqu'aux pieds un événement se fait homme. *Debout!* crie tout mon corps, *il faut rompre avec l'impossible!...* Debout! Le miracle d'être debout s'accomplit. Quoi de plus simple, quoi de plus inexplicable que ce prodige, Équilibre? Surgis, maintenant, marche, rejoins tes desseins dans l'espace; suis tes regards qui ont pris leur vol dans ce qu'on voit; pénètre, avec des pas que l'on peut compter, dans la sphère des lumières et des actes, et compose tes forces à des objets qui te résistent... Et toi, je t'abandonne quelque temps, Douceur de n'être pas! J'oublierai le sommeil jusqu'à la nuit. A ce soir, jeux obscurs, monstres, scènes impures, et vous, vaines amours!... Je me dépouille maintenant de mon état inconnaissable. O qui me dira comment au travers de l'inexistence ma personne tout entière s'est conservée, et quelle chose m'a porté inerte, plein de vie et chargé d'esprit, d'un bord à l'autre du néant? Comment se peut-il que l'on ose s'endormir? Quelle confiance dans la fidélité de mon corps, dans le calme de la nuit, dans l'ordre et la constance du monde!... Ce soir, tu reviendras, Absence! Vous régnerez derechef dans quelques heures, effrayante impuissance inconnue, faiblesse essentielle, charme invincible qui enchaînes les yeux fermés à leurs images... On ne peut pas se retourner, engagés dans la gangue du sommeil, pour prendre sur le fait le *Singe qui montre les Songes...*

Braços e pernas encolhidos, distendidos, remexendo as sombras e o leito; repartindo, afastando as ondas da mortalha vaga, o ser enfim se desfaz da sua confortável desordem. A virtude de ser Si percorre-o. Ser Si arrebata-o como uma surpresa; e às vezes uma feliz surpresa, às vezes uma infelicidade imensa. Quantos despertares não desejariam ser apenas sonhos!... Mas na hora a unidade toma conta dos membros, e da nuca aos pés um acontecimento faz-se homem. *De pé!* clama todo o meu corpo, *é preciso romper com o impossível!...* De pé! O milagre de ficar de pé se realiza. O quê de mais simples, o quê de mais inexplicável que esse prodígio, Equilíbrio? Apresenta-te agora, anda, junta-te a teus desígnios no espaço; segue teus olhares que levantaram voo em direção ao que se vê; penetra, com passos que se podem contar, na esfera das luzes e dos atos, e compõe tuas forças com objetos que te resistem... E quanto a ti, abandono-te por algum tempo, Delícia de não ser! Esquecerei o sono até à noite. Até à noite, jogos obscuros, monstros, cenas impuras, e vós, vãos amores!... Despojo-me agora de meu estado incognoscível. Ó, quem me dirá como, através da inexistência, minha pessoa toda inteira se conservou, e qual coisa me transportou inerte, pleno de vida e cheio de espírito, de uma margem à outra do nada? Como é possível que se ouse adormecer? Quanta confiança na fidelidade de meu corpo, na calma da noite, na ordem e na constância do mundo!... Esta noite, tu regressarás, Ausência! Vós reinareis de novo dentro de algumas horas, terrível impotência desconhecida, fraqueza essencial, encanto invencível que acorrentas os olhos fechados a suas imagens... Envolvidos na ganga do sono, não podemos nos voltar para trás para apanhar em flagrante o *Símio que mostra os Sonhos...*

Comme le temps est calme, et la jeune fin de la nuit délicatement colorée! Les volets repoussés à droite et à gauche par un acte vif de nageur, je pénètre dans l'extase de l'espace. Il fait pur, il fait vierge, il fait doux et divin. Je vous salue, grandeur offerte à tous les actes d'un regard, commencement de la parfaite transparence! Quel événement pour l'esprit qu'une telle étendue! Je voudrais vous bénir, ô toutes choses, si je savais!... Sur le balcon qui se propose au-dessus des feuilles, sur le seuil de la première heure et de tout ce qui est possible, je dors et je veille, je suis jour et nuit, j'offre longtemps une amour infinie, une crainte sans mesure. L'âme s'abreuve à la source du temps, boit un peu de ténèbres, un peu d'aurore, se sent femme endormie, ange fait de lumière, se recueille, s'attriste, et s'enfuit sous forme d'oiseau jusqu'à la cime à demi nue dont le roc perce, chair et or, le plein azur nocturne. Quelque oranger respire là dans l'ombre. Il subsiste très haut peu de fines étoiles à l'extrême de l'aigu. La lune est ce fragment de glace fondante. Je sais trop (tout à coup) qu'un enfant aux cheveux gris contemple d'anciennes tristesses à demi mortes, à demi divinisées, dans cet objet céleste de substance étincelante et mourante, tendre et froide qui va se dissoudre insensiblement. Je le regarde comme si je n'étais point dans mon cœur. Ma jeunesse jadis a langui et senti la montée des larmes, vers la même heure, et sous le même enchantement de la lune évanouissante. Ma jeunesse a vu ce même matin, et je me vois à côté de ma jeunesse... Divisé, comment prier? Comment prier quand

Como está calmo o tempo, e delicadamente colorido o jovem fim da noite! As folhas da janela empurradas à direita e à esquerda por um gesto vivo de nadador, penetro no êxtase do espaço. O tempo que faz é puro, é virgem, é delicioso e divino. Eu vos saúdo, grandeza ofertada a todos os atos de um olhar, começo da perfeita transparência! Que acontecimento para o espírito uma tal vastidão! Eu gostaria de vos abençoar, ó todas as coisas, se eu soubesse!... Na sacada que se propõe por sobre as folhas, no umbral da primeira hora e de tudo o que é possível, durmo e velo, sou dia e noite, ofereço por muito tempo um amor infinito, um receio sem medida. A alma mata a sede na fonte do tempo, bebe um pouco de trevas, um pouco de aurora, sente-se mulher adormecida, anjo feito de luz, recolhe-se, entristece-se, e refugia-se em forma de pássaro no cimo seminu cuja rocha perfura, carne e ouro, o pleno anil noturno. Alguma laranjeira respira ali na sombra. Subsiste, lá no alto, um tanto de finas estrelas, pontiagudas. A lua é esse fragmento de gelo derretido. Bem sei (subitamente) que uma criança com cabelos cinza contempla antigas tristezas, semimortas, semidivinizadas, nesse objeto celeste de substância cintilante e agonizante, tenra e fria que, imperceptivelmente, vai se dissolver. Olho-a como se eu não estivesse em meu coração. Minha juventude outrora enlanguesceu e sentiu virem-lhe as lágrimas, à mesma hora, e sob o mesmo encantamento da lua evanescente. Minha juventude viu esta mesma manhã, e vejo-me ao lado de minha juventude... Dividido, como orar? Como orar

un autre soi-même écouterait la prière? – C'est pourquoi il ne faut prier qu'en paroles inconnues. Rendez l'énigme à l'énigme, énigme pour énigme. Elevez ce qui est mystère en vous à ce qui est mystère en soi. Il y a en vous quelque chose d'égal à ce qui vous passe.

quando um outro si-mesmo escutaria a oração? – É por isso que não se deve orar senão com palavras desconhecidas. Devolvei o enigma ao enigma, enigma por enigma. Elevai o que é mistério em vós ao que é mistério em si. Há em vós algo que é igual ao que vos ultrapassa.

Dans le pur et brillant sarcophage, douce est l'eau qui repose, tiède et parfaite épouse de la forme du corps.

Le nu libre et léger se dispose et s'apaise. Tout est facile dans le fluide en qui les jambes déliées sont aussi vives que les bras. L'homme y dépose sa stature; il y coule toute la longueur dans laquelle sa hauteur s'est changée; il s'étire jusqu'à rejoindre l'extrême de son ressort; il se ressent égal au sentiment de son pouvoir de se détendre. Avec délice, il transpose ses points d'appui; un doigt le porte et le soulève; et ses forces flottantes, dans la masse calme du bain à demi fondues, rêvent d'anges et d'algues. Le poids de la chair bienheureuse baignée est presque insensible; la chaleur de son sang étant peu différente de celle de l'eau toute prochaine, le sang s'épanouit sous la peau tout entière. Le corps vivant se distingue à peine du corps informe dont la substance le remplace à chaque mouvement. Une personne se mélange à la plénitude indéfinie qui l'environne; quelqu'un se sent dissoudre doucement. Tout le corps à présent n'est plus qu'un songe agréable que fait vaguement la pensée. Le doux moment se mire et se voit des membres limpides sous le verre de l'eau. Ce qui regarde et qui parle avec soi-même s'émerveille de la grandeur et de la symétrie des membres qu'il domine; et la tête pensante s'amuse de quelque pied qui vient à paraître loin d'elle, qui obéit comme par magie. Elle observe un orteil surgi se fléchir, un genou émerger et redescendre dans la transparence, comme une île océanique qu'exonde et que replonge un caprice du fond de la mer. La volonté

Dentro do puro e brilhante sarcófago, gostosa é a água que repousa, tépida e perfeita esposa da forma do corpo.

O nu livre e leve se acomoda e se acalma. Tudo é fácil no fluido em que as pernas, desembaraçadas, são tão vivas quanto os braços. O homem aí depõe sua estatura; aí escorrega todo o comprimento em que se transformou sua altura; estira-se até encontrar o extremo de sua elasticidade; sente-se igual ao sentimento de seu poder de se distender. Com deleite, ultrapassa seus pontos de apoio; um dedo sustenta-o e ergue-o; e suas forças flutuantes, meio fundidas na massa calma do banho, sonham com anjos e algas. O peso da carne feliz, submersa, é quase imperceptível; como o calor de seu sangue é pouco diferente do calor da água, tão próxima, o sangue eclode sob a pele toda. O corpo vivo mal se distingue do corpo informe cuja substância o substitui a cada movimento. Uma pessoa mistura-se à plenitude indefinida que o rodeia; alguém sente-se dissolver-se mansamente. Todo o corpo não é agora mais que um sonho agradável que o pensamento sonha vagamente. O doce momento se contempla e em si vê membros límpidos sob o vidro da água. Aquele que olha e que fala consigo mesmo maravilha-se com a grandeza e a simetria dos membros que ele domina; e a cabeça pensante diverte-se com algum pé que acaba de aparecer longe dela, e que obedece como por magia. Ela observa um dedão que aflora e se curva, um joelho que emerge e submerge na transparência, como uma ilha oceânica que um capricho do fundo do mar soergue e volta a afundar.

elle-même et la liberté générale de l'être se composent dans l'aise de l'onde.

Il y a peut-être dans l'air fade et vaporeux un parfum dont la fleur complexe interroge les souvenirs, caresse ou colore les désirs indistincts de l'être nu. Les yeux se perdent ou se ferment. La durée sans contacts s'affaiblit. L'esprit s'ouvre les veines dans un rêve.

A própria vontade e a liberdade geral do ser se compõem no conforto da onda.

Há talvez no ar insípido e vaporoso um perfume cuja flor complexa interroga as lembranças, acaricia ou colore os desejos indistintos do ser nu. Os olhos se perdem ou se fecham. Sem contatos, a duração enfraquece-se. O espírito, num sonho, abre suas veias.

En présence de la lumière, et toutefois hors d'elle, de la fenêtre haute, l'Ange du monde entier, qui d'une voix d'azur et d'or, sur le seuil de ce jour et de l'espace libre, annonce les cieux, les campagnes, les mers, les étendues, les peuples et les déserts, proclame et représente le reste et le Tout, affirme toutes ces choses qui sont en ce moment même et qui sont comme si elles n'étaient point; en présence de mes mains, de mes puissances, de mes faiblesses, de mes modèles, et hors d'eux; distinct de mes jugements, également éloigné de tous les mots et de toutes les formes, séparé de mon nom, dépouillé de mon histoire, je ne suis que pouvoir et silence, je ne fais point partie de ce qui est éclairé par le soleil, et mes ténèbres ne m'appartiennent point. Mon silence m'assiste; mon abstention est plénitude. Comme le poing fermé et durci contient la diversité des actes, ainsi je me ressens et je me vois. Le total de mes paroles est muet; la puissance d'exprimer, dans toute sa force se résume et se nie en moi. Dans un état de possession si concentrée, plus générale que la vie qui la supporte, mon âme édifiée au-dessus des êtres et des idées par les vertus du corps reposé, se sent égale en existence à tout ce monde visible et possible qui la presse d'une multitude d'images du soleil et l'obsède de tant de signes de mouvement. Même le groupe caché de ses opérations, même le secret sentiment de ses chances infinies lui semblent tout distincts d'elle-même. Mon esprit pense à mon esprit et mes yeux considèrent ma main. Je songe à la quantité des usages et des actes de cette main qui sont innombrables pour nous, et

Em presença da luz, e todavia fora dela, da janela alta, o Anjo do mundo inteiro, que com uma voz de anil e ouro, no umbral deste dia e do espaço livre, anuncia os céus, os campos, os mares, as extensões, os povos e os desertos, proclama e representa o resto e o Todo, afirma todas essas coisas que existem neste exato momento e que existem como se não existissem; na presença de minhas mãos, de minhas potências, de minhas fraquezas, de meus modelos, e fora deles; distinto de meus julgamentos, igualmente distanciado de todas as palavras e de todas as formas, separado de meu nome, despojado de minha história, não sou senão poder e silêncio, não faço parte do que é iluminado pelo sol, e minhas trevas não me pertencem. Meu silêncio me assiste; minha abstenção é plenitude. Tal como o punho cerrado e duro contém a diversidade dos atos, assim me sinto e me vejo. O total de minhas palavras é mudo; a potência de exprimir, em toda a sua força, resume-se e nega-se em mim. Num estado de possessão tão concentrado, mais geral que a vida que a suporta, minha alma edificada por sobre os seres e as ideias pelas virtudes do corpo repousado, sente-se igual em existência a todo esse mundo visível e possível que a solicita com uma multidão de imagens do sol e a obceca com tantos sinais de movimento. Até o grupo oculto de suas operações, até o secreto sentimento de suas possibilidades infinitas parecem-lhe inteiramente distintos dela própria. Meu espírito pensa em meu espírito e meus olhos consideram minha mão. Penso na quantidade de usos e de atos dessa mão, que são inumeráveis para nós, e pouco variados no que lhe concerne...

peu variés quant à elle... O moment, je ne suis que détails hors de toi, je ne suis qu'un fragment de ce que je puis, je ne suis que *moi* hors de toi! Bel instant, balcon du temps, tu supportes au moyen d'un homme un regard d'univers, une parcelle de ce qui est *contre* toute chose. Je respire sur toi une puissance indéfinissable, comme la puissance qui est dans l'air avant l'orage.

Ó momento, fora de ti não sou mais que detalhes, não sou mais que um fragmento daquilo que posso, fora de ti não sou mais que *eu*! Belo instante, sacada do tempo, tu sustentas por meio de um homem um olhar de universo, uma parcela daquilo que existe *contra* toda coisa. Respiro em ti uma potência indefinível, tal como a potência que há no ar antes da tempestade.

Fais ce que tu voudras, bel Instant! Ame, fais ton office! Est-il espoir plus pur, si dense diamant dont nul rayon qui a pénétré dans sa perfection n'en ressorte, est-il parcelle de matière ou de vie dans le monde plus précieuse que ce moment de présence et de silence dans l'unité de nos forces et au-dessus de notre esprit qui en précède toutes les pensées? Être contenu avec toutes choses dans un élément singulier, isolé de muette et souveraine attente, est divin. De quoi donc est fait ce peu de temps privé de parole, ce fragment de puissance et de pureté, et comment se peut-il qu'une certaine sensation soit la sensation d'être capable de toutes les autres? Il n'est point de pensée de degré plus élevé que *ceci*. Je ne sais ce qui se prépare, mais je déchiffre ce qui se dispose et je ressens ce qui se choisit. Rendre purement possible tout ce qui existe; réduire au purement visible ce qui se voit, telle est l'œuvre cachée de l'âme avant qu'elle s'applique à quelque objet et qu'elle s'emploie à quelque dessein; et c'est là sa réponse essentielle, sa volonté authentique et sa propriété véritablement absolue. Bel instant, balcon du Temps, heure surélevée, tu supportes au moyen d'un homme un instinct d'univers, un désir de ce qui fut avant toute chose. Je respire sur toi une puissance indéfinissable comme la puissance qui est dans l'air avant l'orage! J'attends une proie qui ne doit naître que de moi-même. J'illumine mes déserts semblables à des miroirs de sécheresse où vont jaillir des fontaines et des palmes.

En secret une voix connue essaye de paroles inconnues; et les figures implicites qui préexistent dans ma structure et dans ma substance attentive se dessinent, se font chercher.

Faz o que quiseres, belo Instante! Alma, cumpre teu ofício! Há esperança mais pura, diamante tão denso que nenhum raio que penetre na sua perfeição jamais volta a sair, existe parcela de matéria ou de vida, no mundo, mais preciosa do que este momento de presença e de silêncio, na unidade de nossas forças e por sobre o nosso espírito, que antecede todos os pensamentos? Ser contido com todas as coisas num elemento singular, isolado por muda e soberana espera, é divino. De quê, pois, é feito esse pouco de tempo privado de palavra, esse fragmento de potência e de pureza, e como é possível que uma certa sensação seja a sensação de ser capaz de todas as outras? Não há pensamento de grau mais elevado do que *este*. Não sei o que se prepara, mas decifro o que se dispõe e percebo o que se escolhe. Tornar puramente possível tudo o que existe; reduzir ao puramente visível o que se vê, tal é a obra oculta da alma antes que ela se aplique a algum objeto e que se dedique a algum desígnio; e está aí sua resposta essencial, sua vontade autêntica e sua propriedade verdadeiramente absoluta. Belo instante, sacada do Tempo, hora sobrelevada, sustentas por meio de um homem um instinto de universo, um desejo daquilo que foi antes de toda coisa. Respiro em ti uma potência indefinível como a potência que existe no ar antes da tempestade! Espero uma presa que não deve nascer senão de mim mesmo. Ilumino meus desertos semelhantes a espelhos de secura nos quais vão jorrar fontes e palmeiras.

Em segredo, uma voz conhecida ensaia palavras desconhecidas; e as figuras implícitas que preexistem na minha estrutura e na minha substância atenta se desenham, se deixam buscar.

Gracieux, gai, noble jour, qui me retires maintenant de mes fatigues, qui me reprends mes regards, qui me consoles mes esprits, tu leur parles, tu changes leurs peines en palmes, car tu les attires vers les jardins, vers des ombres, sur mainte douce terrasse confusément peuplée d'arbres noirs et légers que la lumière immense irrite et fait frémir. Ils palpitent de plaisir. Mes paroles intérieures se taisent, le cèdent aux cris purs des oiseaux. La mer lointaine est une coupe pleine de feu tout auprès de *mon âme*. Je goûte à l'horizon étincelant qui est posé sur ces feuillages, et mes regards sont des lèvres qui ne se peuvent détacher de cette chose pleine éblouissante. Les cieux, là-bas, versent *la flamme* sur les flots. La ferveur et la splendeur suspendues entre ciel et mer sont si *intenses* que le bien et le mal, l'horreur de vivre et la joie d'être, brillent et meurent, brillent et meurent, forment le calme et l'éternel.

Gracioso, festivo, nobre dia, que agora me tiras de minhas fadigas, que me restituis meus olhares, que me consolas meus espíritos, tu lhes falas, tu mudas suas penas em palmeiras, pois tu as atrai para os jardins, para as sombras, para uma variedade de aprazíveis terreiros povoados de árvores negras e leves que a luz imensa irrita e faz vibrar. Elas palpitam de prazer. Minhas palavras interiores se calam, rendendo-se aos gritos puros dos pássaros. O mar longínquo é uma taça plena de fogo bem junto de *minha alma*. Saboreio o horizonte cintilante que está colocado sobre estas folhagens, e meus olhares são lábios que não conseguem se despregar desta coisa tão deslumbrante. Os céus, ali adiante, vertem *a chama* sobre as ondas. O fervor e o esplendor suspensos entre céu e mar são tão *intensos* que o bem e o mal, o horror de viver e a alegria de ser brilham e morrem, brilham e morrem, formam a calma e o eterno.

Grâce, Daimôn... Hallali, hallali... Ce moment m'assassine et je suis tout percé d'idées. Ma tête éclate et les lueurs s'y croisent et s'y combattent... Comment se peut-il que de si brèves étincelles portent chacune tant d'espoir et de certitude, et que la plus petite durée soit précisément celle qui s'identifie avec la plus grande puissance de vérité pour un seul, et d'injonction intérieure?

Hallali, hallali, ma tête crève de lumières. Je n'en puis plus. J'emplis de griffonnages tous les bouts de papiers, les dos de cartons qui traînent autour de mes mains. Que de choses à la fois... Je ne puis plus me supporter. Je m'essouffle. L'esprit m'essouffle. Presque anhélant je suis... Je m'interroge si cette surabondance existe parce que j'asphyxie; ou si j'asphyxie à cause d'elle? Quelle des deux me presse? La hâte spirituelle me dépense, m'éperonne... C'est la chasse du diable; le Daimôn se change en Démon.

Graça, Daimon... Halali, halali... Este momento me assassina e sou todo perfurado por ideias. Minha cabeça explode e os relâmpagos aí se cruzam e se combatem... Como é possível que tão breves centelhas carreguem, cada uma, tanta esperança e certeza, e que a menor duração seja precisamente aquela que se identifica com a maior potência de verdade para um só, e com injunção interior?

Halali, halali, minha cabeça rebenta de luzes. Não posso mais. Enchi de rabiscos todos os pedaços de papel, os versos dos cartões que pululam ao redor de minhas mãos. Quantas coisas ao mesmo tempo... Não consigo mais me sustentar. Sufoco-me. O espírito me sufoca. Quase ofegante sigo... Pergunto-me se essa superabundância existe porque eu me asfixio; ou se me asfixio por causa dela? Qual das duas me pressiona? A impaciência espiritual me consome, me incita... É a caça do diabo; o Daimon transforma-se em Demônio.

Hélas! au plus haut lieu de sa puissance et de sa gloire, hélas! au point suprême, au séjour le plus élevé, rien n'échappant à la lumière, je heurte à la place de l'astre une tache brûlante ténébreuse; et le haut dieu a pour moi le cœur noir. Absent est le soleil dans toute sa force, invisible est celui que les yeux ne peuvent soutenir. Il se cache dans son éclat, il se retranche dans sa victoire. Au sommet de la nature vivante j'ai trouvé la terreur et la nuit dans le centre de tes feux. Sur mes mains, sur le mur, sur une page pure, une tache vivante s'impose affreusement, une macule sombre et violacée s'attarde, une morsure de pourpre renaît devant moi sur toute chose. Voici que l'essence du visible dévore ce qui se voit. Cette marque m'accuse. Je la fuis; c'est me fuir. Je descends vers les fleurs, aux bosquets, sous les arbres; j'y transporte le mal ardent. Le fantôme du dieu m'affecte en chaque fleur. Je ne laverai plus mes regards du crime d'avoir vécu par eux dans le soleil.

Hora terrível, ai!, no mais alto grau de sua potência e de sua glória, ai!, no ponto supremo, na morada mais elevada, nada escapando à luz, encontro, em vez do astro, uma mancha ardente tenebrosa; e o elevado deus tem, para mim, o coração negro. Ausente está o sol em toda a sua força, invisível está aquele que os olhos não podem sustentar. Ele se esconde em seu brilho, se refugia em sua vitória. No cume da natureza viva encontrei o terror, e a noite no centro de todos os fogos. Sobre as minhas mãos, sobre a parede, sobre uma página pura, uma mancha viva se impõe terrivelmente, uma mácula sombria e violácea se atarda, uma ferida púrpura renasce, à minha frente, sobre toda coisa. Eis que a essência do visível devora o que se vê. Esta marca me acusa. Fujo dela; é fugir de mim. Desço até às flores, aos pequenos bosques, para debaixo das árvores; para aí transporto o mal ardente. O fantasma do deus me afeta em cada flor. Não limparei mais os meus olhos do crime de ter vivido no sol através deles.

Il s'élève une odeur de fruits et de sauce chaude. Quelque joie naïve est dans l'air. La porte qui s'entre-bâille admet une vapeur de viande cuite, et cède devant une femme rose et noire qui porte le Plat. L'arôme souverain envahit les âmes présentes. Le miracle de l'eau se fait dans toutes les bouches. Les visages brillent; les voix sonnent au plus haut. L'un se frotte les mains devant son assiette pure. L'autre ne quitte pas des yeux ce bien fumant qui vient. La nourriture accommodée et préparée pour disparaître circule, s'incline et va s'offrir de corps en corps. Bientôt les tout-puissants esprits de la matière désirable sont montés à la tête des hommes. La politique et la littérature scintillent parmi les bruits des bouches et des cristaux. Les langues se dédoublent; une vie, une bonté, une malice surabondantes s'exaltent dans les convives, les unissent et se dépensent en paroles entre les gorgées et les bouchées.

Le grand et beau chien, qui est assis entre deux personnes, donne à songer d'une statue de l'Attente. Il serait un dieu égyptien de basalte, si sa queue ne battait le carreau. Rien n'est plus prompt que l'acte net de cette bête simple, et que le coup de gueule de cette immobilité chargée de désir, quand on lui tend le relief, os ou cartilage, dont l'homme ne peut vouloir. Ce museau, magnétiquement attaché par les yeux ardents à l'unique objet de cette vie animale, est une machine infaillible à happer et à faire évanouir tout le rebut de la table humaine.

Mais notre bouche enfin se lasse de saveurs: la fraise, le café, le tabac successifs en ont épuisé les puissances, et la plénitude nous accable, réduits à nous sourire au travers de nos fumées.

Inspiro um odor de frutas e de molho quente. Há no ar alguma alegria ingênua. A porta que se entreabre admite um vapor de carne cozida e cede diante de uma mulher em rosa e preto que carrega o Prato. O aroma soberano invade as almas presentes. O milagre da água se cumpre em todas as bocas. Os rostos brilham; as vozes soam ao máximo. Um esfrega as mãos diante de seu prato puro. O outro não tira os olhos desse bem fumegante que chega. O alimento, arranjado e preparado para desaparecer, circula, inclina-se e vai se oferecer de corpo em corpo. Logo os onipotentes espíritos da desejável matéria sobem à cabeça dos homens. A política e a literatura cintilam entre os ruídos das bocas e dos cristais. As línguas se desdobram; uma vida, uma bondade, uma malícia superabundante exalta-se nos convivas, une-os e se consome em palavras, entre goles e bocados.

O grande e belo cão, que está sentado entre duas pessoas, faz pensar em uma estátua da Espera. Seria um deus egípcio de basalto, se a cola não batesse no ladrilho. Nada está mais pronto do que o gesto nítido desse animal simples, e do que a bocada dessa imobilidade carregada de desejo, quando se lhe estendem os restos, osso ou cartilagem, que o homem não consegue querer. Esse focinho, magneticamente ligado pelos olhos ardentes ao único objeto desta vida animal, é uma máquina infalível de arrebatar e de fazer desaparecer todo o refugo da mesa humana.

Mas nossa boca, enfim, cansa-se de sabores: o morango, o café, o tabaco, em sucessão, esgotaram as suas potências, e a plenitude nos oprime, reduzidos a nos sorrir através de nossas nuvens de fumo.

Je m'interroge au milieu de ma fumée si j'irai tantôt vers la mer à travers les arbres, ou sur le mont accablé de roches, ou bien visiter quelques amis dans leurs demeures; ou si je laisserai couler purement le beau temps limpide, toute la masse de l'après-midi lente et tiède jusqu'à sa dernière lueur? Je varie, je me peins le possible et j'efface. Je me dis sans le vouloir que les bêtes ne font rien que d'utile. Même leurs jeux sont de justes dépenses. Mais nous, le trop d'esprit trouble et diffère tous les comptes de notre vie avec sa durée. Nous gagnons, nous perdons du temps, notre solde n'est jamais nul. Je rêve à cette monnaie étrange. J'entends une eau qui chuinte et se suit je ne sais où; un marteau je ne sais où qui martèle je ne sais quoi...

Já não sei e me pergunto, em meio a meus anéis de fumo, se irei esta tarde ao mar, através das árvores, ou até o monte carregado de rochas, ou então visitar alguns amigos em suas moradas; ou se deixarei puramente escorrer o bom tempo límpido, toda a massa do começo de tarde lento e tépido até à sua última luz? Oscilo, pinto-me o possível e apago. Digo-me sem querê-lo que os animais não fazem nada mais que o útil. Até suas brincadeiras são justos dispêndios. Mas nós, o excesso de espírito turva e difere, com sua duração, todas as contas de nossa vida. Ganhamos, perdemos tempo, nosso saldo nunca é nulo. Sonho com essa moeda estranha. Ouço uma água que silva e segue não sei onde; um martelo não sei onde que martela não sei o quê...

Je fais un pas sur la terrasse...

J'entre en scène dans mon regard.

Ma présence se sent l'égale et l'opposée de tout ce monde lumineux qui veut la convaincre qu'il l'environne. Voici le choc entier de la terre et du ciel. L'heure veut me saisir et le lieu croit m'enclore...

Mais le site avec son heure, ce n'est pour l'esprit qu'un incident – un événement – un démon comme un autre... Tout ce jour, un démon de ma nuit personnelle.

Vainement, le soleil m'obsède d'une immense image, merveilleusement colorée, et me propose toutes les énigmes du visible... Il y a bien d'autres offres en moi-même, qui ne sont de la terre ni des cieux.

Tout ce beau jour, si net, orné, borné de tuiles et de palmes, et de qui tant d'azur, accomplissant la plénitude, ferme dans le zénith la forme auguste, ne m'est qu'une bulle éphémère, pleine à demi d'objets indifférents.

Bel *Aujourd'hui* que tu es – *Aujourd'hui* qui m'entoures – je suis *Hier* et *Demain*... Tu n'es que ce qui est, et je ne suis jamais: je ne suis que ce qui peut être... Ici, tout ce qui brille et vibre n'est pas moi.

Je fais un pas de plus sur la terrasse...

Je m'avance, comme un étranger, dans la lumière... Quoi de plus étranger que celui qui se sent voir ce qu'il voit?

Janelas se iluminam. Dou um passo na sacada...

Entro em cena em meu olhar.

Minha presença se percebe como o igual e o oposto de todo este mundo luminoso que quer convencê-la de que ele a rodeia. Eis aqui todo o choque entre a terra e o céu. O instante quer me prender e o lugar acredita me cercar...

Mas o lugar com seu instante não é, para o espírito, senão um incidente – um acontecimento – um demônio como um outro... Todo esse dia, um demônio de minha noite pessoal.

Em vão, o sol me obceca com uma imagem imensa, maravilhosamente colorida, e me propõe todos os enigmas do visível... Há certamente outras ofertas em mim mesmo, que não são da terra nem dos céus.

Todo este belo dia, tão nítido, ornamentado, delimitado por telhas e por palmeiras, e do qual tanto anil, atingindo a plenitude, fecha no zênite a forma augusta, não passa, para mim, de uma bolha efêmera, cheia até a metade, de objetos indiferentes.

Belo *Hoje* que tu és – *Hoje* que me rodeias – eu sou *Ontem* e *Amanhã*... Tu não és senão o que é, e eu nunca sou: não sou senão o que pode ser... Aqui, tudo o que brilha e vibra não é eu.

Dou um passo a mais na sacada...

Adianto-me, como um estrangeiro, na luz... O que de mais estrangeiro que aquele que sente ver o que vê?

Le sol ardent et pur me fixe, et m'impose l'éclat de l'étendue de sa nudité. Quelques vases, panses d'ombre, sont des foyers de feuilles et de feu. L'olivier sèchement se défend des étincelles qui l'irritent. Sur un toit rose et blond dorment quatre colombes: je songe vaguement à la sensation de leur chair dans la plume douce et chaude posée sur l'argile tiède, ô Vie...

Que m'importe tout ce pays? Que m'importe toute la terre? Mais que m'importe aussi tout ce qui vient à mon esprit, tout ce qui naît et meurt dans mon esprit?

*Ce que je vois, ce que je pense* – se disputent *ce que je suis*. Ils l'ignorent; ils le conduisent: ils le traitent comme une chose... Suis-je la chose d'une idée, et le jouet de la splendeur d'un jour?

O solo ardente e puro me fixa, e me impõe o esplendor da extensão de sua nudez. Alguns vasos, bojos de sombra, são focos de folhas e de fogo. A oliveira secamente se protege das centelhas que a irritam. Num teto rosa e fulvo dormem quatro pombas: penso vagamente na sensação de sua carne na pluma macia e quente pousada na argila morna, ó Vida...

Que me importa todo este país? Que me importa toda a terra? Mas que me importa também tudo o que chega a meu espírito, tudo o que nasce e morre em meu espírito?

*O que vejo, o que penso* – disputam entre si *o que sou.* Eles o ignoram; eles o conduzem: eles o tratam como uma coisa... Sou eu a coisa de uma ideia, e o joguete do esplendor de um dia?

La paresse agrandit les minuscules choses prochaines. Une Mouche soudain se détache du mur; étincelle; n'est plus, et renaît sur ma main. Ce point vivant, point noir vivement consumé, recréé, a changé de point d'existence. Es-tu, Mouche, la même Mouche, la Mouche même qui était? Qui jurera de ton identité? Puis-je vraiment penser (mais penser jusqu'au bout de ma pensée) que ce transport, cette destruction d'insecte que dissout le soleil, a transmis une essence sans seconde, un être unique, infime certes; mais qui compte pour soi-même dans la table instantanée des vivants? *L'étrange don de ne pas être un autre* en elle m'émerveille. Mais moi, je me confesse que je la confonds avec toute mouche venue. C'est là même penser... C'est confondre toutes les mouches. Mais comment te conserves-tu? Comment te divises-tu, – dans je ne sais quelle petite âme, – de la cause et des effets de ton mouvement? Quand tu voles, mouche, sans doute tu n'es que vol; et quand tu te poses et pivotes, et picotes, tu n'es qu'échanges minuscules, sans passé, sans futur, et comme infiniment accidentelle. O Même et Non Même, tu m'engendres une fatigante, une insoutenable présence de questions... La vie saute de mouche en mouche... Adieu souci, n'allez pas plus avant sur la route vénérable qui ne mène à rien. Ma torpeur, ma stupeur dorée ne peuvent à présent supporter un objet de quelque durée. Le soleil, sans me voir, me fixe durement. L'éclat m'écrase. Et l'éblouissement de toutes parts dévore toutes les formes de mes idées naissantes. Par le bruit continu d'une eau cachée qui coule et se précipite je ne sais où, j'entends mon sang, mon jour, ma puissance

Ligeira, súbita, uma Mosca se desprega da parede; faísca; não existe mais, e renasce na minha mão. Como a preguiça aumenta as minúsculas coisas próximas! Esse ponto vivo, ponto negro vivamente consumido, recriado, mudou de ponto de existência. És tu, Mosca, a mesma Mosca, a mesmíssima Mosca que existia? Quem juraria por tua identidade? Posso eu verdadeiramente pensar (mas pensar até à ponta de meu pensamento) que esse transporte, essa destruição de inseto que o sol dissolve, transmitiu uma essência sem cópia, um ser único, ínfimo certamente; mas que conta por si mesma na tábua instantânea dos vivos? Nela, *o estranho dom de não ser um outro* me maravilha. Mas quanto a mim, confesso-me que a confundo com qualquer mosca que vier. Pensar é mesmo isso... É confundir todas as moscas. Mas como te conservas? Como te separas, – em não sei qual minúscula alma, – da causa e dos efeitos de teu movimento? Quando voas, mosca, certamente não és senão voo; e quando pousas e rodopias, e picas, não és senão trocas minúsculas, sem passado, sem futuro, e como que infinitamente acidental. Ó, Mesma e Não Mesma, tu me engendras uma fatigante, uma insustentável presença de questões... A vida salta de mosca em mosca... Adeus, preocupação, não vai mais adiante na estrada venerável que não leva a nada. Meu torpor, meu estupor dourado não podem, no momento, suportar um objeto de alguma duração. O sol, sem me ver, me fixa duramente. O brilho me esmaga. E o ofuscamento de tudo devora todas as formas de minhas ideias nascentes. Através do ruído contínuo de uma água oculta que escorre e se precipita

indistinctement s'épandre dans les solitudes de l'ouïe, au travers des choses présentes; et ce temps naïf, qu'un ruisseau fait songer, traverse des choses visibles; et tandis que ce murmure fait son chemin dans la masse du moment, je sens ma présence absente et mes ténèbres, au centre de tout ce qui brûle et qui se fait.

Tout à coup il me semble que l'or impose une ombre dans mes yeux, que les arbres profondément verts se colorent brusquement d'une pourpre puissante; la pesante chaleur m'inspire ou m'intime soudain la sensation de l'extrême froid; et mon accablement, mon état de corps sans forces couché, me peint dans l'espace un être dont l'agilité, les ressources élastiques m'enseignent ma fatigue et mon inertie. Je comprends que *ce qui est* a *ce qui n'est pas* pour exacte réponse...

Faut-il interpréter toute chose sensible et réelle comme Joseph et Daniel faisaient les songes des rois? Me dirai-je ce que signifie ce soleil, et quelles énigmes propose tant de lumière?

Mille fois, j'ai déjà ressenti l'Unique...

Mille fois, plus de mille fois, ce dont l'essence est d'être unique...

– Tu le laisses toujours ne pas te reconnaître!...

Il y a donc, dans la substance d'un homme, une vertu d'effacement, sans laquelle un seul jour suffirait, épuiserait, consumerait l'attrait du monde; une seule pensée annulerait l'esprit?

não sei onde, ouço meu sangue, meu dia, minha potência espalhar-se indistintamente pelas solidões do ouvido, pelas coisas presentes; e esse tempo inocente, no qual um regato faz pensar, atravessa as coisas visíveis; e enquanto esse murmúrio encontra seu caminho na massa do momento, sinto minha presença ausente e minhas trevas, no centro de tudo o que arde e que se cria.

Subitamente parece-me que o ouro impõe uma sombra aos meus olhos, que as árvores profundamente verdes colorem-se bruscamente de um púrpura forte; o pesado calor me inspira ou me intima de repente a sensação do extremo frio; e minha prostração, meu estado de corpo sem forças, deitado, pinta-me no espaço um ser cuja agilidade, cujos recursos elásticos mostram-me minha fadiga e minha inércia. Compreendo que *o que é* tem *o que não é* como resposta exata...

Deve-se interpretar toda coisa sensível e real como José e Daniel faziam com os sonhos dos reis? Direi para mim mesmo o que significa esse sol, e quais enigmas propõe tanta luz?

Mil vezes já, senti o Único...

Mil vezes, mais de mil vezes, aquele cuja essência consiste em ser único...

– Tu te deixas sempre não te reconhecer!...

Há, pois, na substância de um homem, uma virtude de apagamento, sem a qual um único dia supriria, esgotaria, consumiria o atrativo do mundo, um único pensamento anularia o espírito?

Mais une soif de connaître, une joie de se sentir venir quelque prochaine Idée – de sentir s'éclairer peu à peu un royaume d'intelligence – renaît indéfiniment des cendres secrètes de l'âme. Chaque aurore est première. L'idée qui vient crée un homme nouveau.

Mais comment se peut-il que je m'ignore et m'abolisse à ce point que l'espoir redevienne, et redore toujours les hauts frontons de la pure Promesse, les degrés infinis de la Connaissance, et ces autels mystérieux où notre vie offerte se change en fumée au pied des idoles de l'Intellect, où des actes spirituels et des prières extraordinaires transforment notre amour, notre sang, notre temps, en œuvres et en pensées?

Ne suis-je pas accoutumé à me surprendre, et la nouveauté n'est-elle pas ma sensation la plus connue?

C'est peut-être la loi de l'esprit qu'il doive méconnaître la plus naïve de ses lois. Elle exige que le désir n'ait eu de pareil. Car le désir est tout puissance; mais le souvenir d'une puissance est impuissance, et la force n'est que ma présence au plus haut point.

Mais, tandis que le moment même de l'esprit aspire à ce qui lui semble sans exemple, et que j'espère en des états exceptionnels, chaque battement de mon cœur redit, chaque souffle de ma bouche rappelle – que *la chose la plus importante est celle qui se répète le plus*.

Mas uma sede de conhecer, uma alegria de sentir chegar alguma Ideia imediata – de sentir iluminar-se pouco a pouco um reino de inteligência – reaviva indefinidamente cinzas secretas da alma. Cada aurora é primeira. A ideia que chega cria um homem novo.

Mas como é possível que eu me ignore e me anule a tal ponto que a esperança volte, e torne sempre a dourar os altos frontões da pura Promessa, os degraus infinitos do Conhecimento, e esses altares misteriosos em que nossa vida ofertada transforma-se em fumo ao pé dos ídolos do Intelecto, em que preces e atos espirituais extraordinários transformam nosso amor, nosso sangue, nosso tempo, em obras e em pensamentos?

Não estou eu acostumado a me surpreender, e a novidade não é ela minha mais conhecida sensação?

É talvez a lei do espírito que ele deva desconhecer a mais ingênua de suas leis. Ela exige que o desejo não tenha igual. Pois o desejo é todo potência; mas a lembrança de uma potência é impotência, e a força não é senão minha presença no mais alto ponto.

Mas enquanto o próprio momento do espírito aspira àquilo que lhe parece sem exemplo e que, em estados excepcionais, eu espero atingir, cada batimento de meu coração reafirma, cada sopro de minha boca relembra – que *a coisa mais importante é aquela que mais se repete.*

Me voici, tel que je suis, baignant dans l'air indispensable. Cet air semble si pur et délicieusement frais que je le sens me faire vivre, au lieu de vivre sans y penser, et que le mot très vide d'AME que l'on prononce à la légère, prend ici et à présent sa valeur personnelle et universelle. Et voici que je n'ignore pas non plus la présence de la terre sur laquelle je pose, marche et puis me coucher, si je veux. Ceci est admirable, ainsi que la lumière qui m'entoure de choses vraies quoique lointaines. Je m'enchante de toutes ces richesses auxquelles on ne pense jamais. Je ressens que je suis fait de tout ce dont j'ai besoin et que je possède de quoi dormir si j'ai besoin de sommeil.

Il est trop donné aux hommes de ne pas percevoir tous ces dons qui ne leur manquent pas en général, et cet équilibre ordinaire dont ils ne remarquent, par la douleur ou l'extrême plaisir, que les fortes variations. Le simple et le naturel sont les plus trompeuses des apparences. La perfection des artifices qui nous font vivre est telle que nous la prenons pour un moindre effort.

Tout ce qu'il faut pour être est aussi caché que possible. Il faudrait inventer indéfiniment pour suivre cette pensée vers sa racine. Va et viens. Regarde et bâille. Casse une tige et fouette le gros arbre. Il arrivera peut-être, comme l'arbre lui-même forme un nœud de plus en montant à son épanouissement, que ta distraction tout à coup se noue et se durcisse en neuve idée.

Mas eis-me aqui, tal como sou, banhando-me no ar indispensável. Este ar parece tão puro e deliciosamente fresco que sinto-o fazer-me viver, em vez de viver sem nisso pensar, e que a palavra tão vazia, ALMA, que se pronuncia irrefletidamente adquire aqui e agora seu valor pessoal e universal. E eis que não ignoro tampouco a presença da terra sobre a qual eu me ponho em pé, ando, e posso me deitar, se quiser. Isso é admirável, tal como a luz que me rodeia de coisas verdadeiras ainda que longínquas. Encanto-me com todas essas riquezas nas quais nunca penso. Sinto que sou feito de tudo aquilo de que preciso e que tenho com que dormir se precisar de sono.

É muito fácil para os homens não perceber todos esses dons que, em geral, não lhes faltam, e esse equilíbrio ordinário do qual não notam, pela dor ou pelo prazer extremo, senão as fortes variações. O simples e o natural são as mais enganadoras das aparências. A perfeição dos artifícios que nos fazem viver é tal que nós a tomamos por um esforço menor.

Tudo o que é preciso para o ser está também tão oculto quanto possível. Seria preciso inventar indefinidamente para seguir esse pensamento até a raiz. Vai e vem. Olha e boceja. Quebra um galho e golpeia a árvore enorme. Ocorrerá, talvez, da mesma maneira que a própria árvore desenvolve um nó a mais ao ganhar tamanho, que tua distração subitamente se faça nó e se solidifique em nova ideia.

Madame, mon amie, qui criez que vos fleurs sont belles, que je les vienne respirer, et que vous ne pouvez à vous seule suffire au plaisir, à l'orgueil, à l'ivresse que vous versent vos nombreuses roses, laissez-moi le temps d'accourir, donnez-moi le temps de songer à ce qu'il faut que je vous en dise. Attendez que j'aie trouvé quelque parole qui flatte votre goût de vos fleurs... Que si je m'oubliais et ne disais que ma pensée, je pressens que j'irriterais la vanité qu'elles vous donnent... Que me font tous ces calices de chair tendre, ces petits visages penchants? Je ne sais pas chérir des merveilles si délicates, si sensibles et si fragiles... Vous aimez les fleurs, mon amie, et j'aime les arbres. Des fleurs sont choses et les arbres sont des êtres. J'aime le tout mieux que la partie. Adorez avec moi ce grandiose porteur de branches et de feuilles, ce grand être isolé et complet. Sa stature et sa figure exhaussent mon regard. Il invoque, il appelle l'arbre de vie qui est en moi. Il est axe d'un monde où il rayonne son existence, et je le sens par moi-même qui approfondit jusqu'au granit son idée fixe de la vie... Ne voyez-vous pas qu'il soutient dans toute sa gloire l'exemple et la loi pure de se faire égal dans l'espace à toute la puissance pressante du temps; comme il répond à sa durée, comme il s'augmente et se succède dans l'étendue! Il ne subsiste qu'il ne croisse, et le nombre de ses feuilles chante à demi-voix ce qui se passe sur la mer.

Arbre, mon arbre, *Amour* serait ton nom, s'il m'appartenait de te nommer, ô statue d'une soif constante, ta vigueur

Minha senhora, minha amiga, que clama que suas flores são belas, que eu venha respirá-las, e que você não pode sozinha ser o bastante para o prazer, o orgulho, a embriaguez que lhe vertem suas numerosas rosas, conceda-me o tempo de me fazer presente, dê-me o tempo de refletir no que é preciso que eu lhe diga. Espera que eu tenha encontrado alguma palavra que lisonjeie seu gosto por suas flores... Porque se eu me esquecesse e não dissesse senão o meu pensamento, pressinto que irritaria a vaidade que elas lhe causam...Que me importam todos esses cálices de carne tenra, esses pequenos rostos pendentes? Não sei prezar maravilhas tão delicadas, tão sensíveis e tão frágeis... Você ama as flores, minha amiga, e eu amo as árvores. Flores são coisas e as árvores são seres. Amo o todo mais que a parte. Aprecia comigo esse grandioso ser, portador de ramos e de folhas, esse grande ser isolado e completo. Sua estatura e sua figura elevam meu olhar. Ela invoca, ela convoca a árvore da vida que existe em mim. Ela é eixo de um mundo em que ela irradia sua existência, e sinto, em mim mesmo, aprofundar-se até ao granito sua ideia fixa da vida... Não vê que ela sustenta em toda a sua glória o exemplo e a lei pura de se tornar igual no espaço a toda a potência urgente do tempo; como ela corresponde à sua duração, como ela se desenvolve e se sucede na extensão! Ela não subsiste senão se cresce, e o número de suas folhas canta à meia voz o que se passa no mar.

Árvore, minha árvore, *Amor* seria o teu nome, se me coubesse te nomear, ó estátua com uma sede constante, teu

s'élève en toi comme l'huile entre les fibres et tu ne cesses de te construire car tu ne vis que de grandir. Par le corps ardent des cieux, par la chair de l'air fraîche et fluide, par ce qui brûle aussi, là-haut, tu es appelé à l'altitude. Je t'aime, je voudrais aimer comme toi, être aimé comme tu aimes, frémir, grandir, périr...

vigor se eleva em ti como o óleo entre as fibras e tu não deixas de te construir pois não vives senão de crescer. Pelo corpo ardente dos céus, pela carne fresca e fluida do ar, por aquilo que arde também, lá no alto, tu és convocada à altitude. Amo-te, gostaria de amar como tu, ser amado como tu amas, vibrar, crescer, perecer...

“Non, vous ne saurez rien, me dit-elle.

Car vous avez nommé celui qu’il ne faut pas nommer. Je place au-dessus de toute chose celle qui n’a point de nom. En vain vous essayez de la surprendre, je vous oppose mon regard. L’arbre qui vous est cher, nous le ferons couper si m’en parlez encore. Mes roses me suffisent qui ne durent qu’un peu de temps.” Elle dit, et détache, et me donne une de ces fleurs tendres et froides. Ce geste fait, il fallut quitter ce moment, s’éloigner ensemble. Le silence et les pas firent que chacun suivit sa pensée. Les deux pensées avaient bien de la ressemblance, car chacune se tourmentait de l’éloignement de sa sœur.

Or, tout le jour était livré à sa maturité. Voyez comme il étonne votre cœur, comme il est dur et incorruptible. Il vous remet parmi les choses. Il vous termine comme un corps sans âme. S’il a deviné vos pensées, il vous considère comme un objet sans pensée: Je vous connais plus clairement que je ne fais ce chien et cette plante si haute et si profonde que j’ai moi-même plantée.

Il y eut pendant quelque temps dans ce jardin comme un abîme qui errait dans les allées, et des deux côtés de l’abîme la même chose se parlait et deux cœurs ignorants l’un de l’autre battaient à peu près de même.

"Não, você não saberá nada, ela me diz.

Pois você nomeou aquilo que não se deve nomear. Coloco acima de toda coisa aquela que não tem nome. Em vão você tentou surpreendê-la, eu lhe oponho meu olhar. A árvore que lhe é cara mandaremos cortar se me falar mais dela. Minhas rosas, me é suficiente que durem só um pouco de tempo." Ela fala, e apanha, e me dá, uma dessas flores tenras e frias. Feito esse gesto, era preciso deixar esse momento, afastarmo-nos juntos. O silêncio e os passos fizeram com que cada um seguisse seu pensamento. Os dois pensamentos tinham certamente semelhança, pois cada um se atormentava com o distanciamento de seu comparsa.

Ora, o dia inteiro tinha-se abandonado à sua maturidade. Vê como ele surpreende seu coração, como ele é duro e incorruptível. Ele a restitui às coisas. Ele a delimita como um corpo sem alma. Se ele adivinhou seus pensamentos, ele a considera como um objeto sem pensamento: Eu a conheço mais claramente do que esse cão e essa planta tão alta e tão profunda que eu mesmo plantei.

Houve por algum tempo neste jardim como que um abismo que errava nas aleias, e dos dois lados do abismo falava-se a mesma coisa e dois corações ignorantes um do outro batiam quase igual.

Or il y eut pendant quelque temps dans le jardin, et pendant la durée infinie de la vie d'une douleur, il y eut comme un abîme mouvant, allant, errant et s'arrêtant sur la figure ordonnée et odorante de ce jardin. Sur la terre grise et rose, sur les ombres et les lumières, parmi les touffes, entre les arbres et les arbustes des allées, un abîme se déplaçait comme l'ombre d'un nuage. Un esprit l'avait aperçu, les yeux ne le voyant pas. Il y avait comme un abîme entre deux pensées qui étaient presque la même; et des deux côtés de l'abîme une même peine, ou presque la même. Car deux âmes divisées se mouvaient séparément vers leur ressemblance; car chacune se tourmentait à cause de l'éloignement intérieur de son autre même, et se la créait et se la recréait en soi indéfiniment comme supplice, et se la faisait tantôt trop méchante et tantôt trop aimable. Et tantôt trop haïe; et tantôt trop aimée, l'amour inquiet formait et déchirait l'image!

Ora, houve por algum tempo no jardim, e pela duração infinita da vida de uma dor, houve como que um abismo movendo-se, passeando, errando e detendo-se na figura ordenada e odorante deste jardim. Sobre a terra cinza e rosa, sobre as sombras e as luzes, por entre os tufos, entre as árvores e os arbustos das aleias, um abismo se deslocava como a sombra de uma nuvem. Um espírito tinha-o avistado, os olhos não o enxergavam. Havia como que um abismo entre dois pensamentos que eram quase o mesmo; e dos dois lados do abismo uma mesma dor, ou quase a mesma. Pois duas almas divididas se moviam separadamente em direção à sua semelhança; pois cada uma se atormentava por causa do afastamento interior de sua outra mesma, e a criava e a recriava em si indefinidamente como suplício, e a tornava ora muito horrível e ora muito amável. E ora muito odiada, e ora muito amada, o amor inquieto formava e rasgava a imagem!

On se tait. Un silence à présent, fait de nous deux, se porte avec une lenteur chargée de charges invisibles, un poids écrasant de séparation, une masse d'amertume contractée, un bloc de tendresse toute prise dans sa profondeur, et plus dure que glace, – vers nul point du jardin, nulle préférence de fleur, ni de bel arbre, ni de lieu plus aimable qu'un autre. Du même pas, côte à côte, identiques en mauvaises pensées, les cœurs mêmement serrés, les yeux et les gorges mêmement serrés et secs, les regards de même absence douloureuse, les corps dont les ombres se mêlent sur le chemin, procèdent et comme, non dans l'espace, mais dans un temps qui doit finir. C'est un abîme qui se déplace sur la terre, en pleine lumière.

Ouvimos e nos calamos. Um silêncio agora, feito de nós dois, porta-se com uma lentidão carregada de cargas invisíveis, um peso esmagador de separação, uma massa de amargura contraída, um bloco de ternura inteiramente tomada em sua profundeza, e mais dura do que gelo, – em direção a nenhum ponto do jardim, a nenhuma preferência de flor, nem de bela árvore, nem de lugar mais amável do que um outro. No mesmo passo, lado a lado, idênticos em maus pensamentos, os corações identicamente cerrados, as gargantas e os olhos identicamente cerrados e secos, os olhares com a mesma ausência dolorosa, os corpos cujas sombras se misturam na trilha, avançam, e como que, não no espaço, mas num tempo que deve terminar. É um abismo que se desloca sobre a terra, em plena luz.

Peut-être que les réflexions très amères, quand elles ont empli je ne sais quelle mesure inconcevable, à la fin renversent le cœur? Peut-être que la durée mystique et double avait épuisé sa substance de mauvais songes et qu'elle revenait de l'infini; et peut-être que le temps approchait en secret, à travers nos tristes pensées, de nous regarder au visage? Déjà nous faisions distraitement le rêve de nous sourire: Ah! s'il était possible! et nous formions le visage qui répondrait, et nous pressentions le seuil délicieux des larmes naissantes. Il suffit alors aux vivants qui s'étaient cru éternellement séparés d'une rencontre de leurs yeux pour qu'ils se trouvent tout à coup dans l'âme l'un de l'autre. Ils reconnaissent qu'ils y sont des dieux, maîtres de la vie et des vérités; et ces dieux mutuels échangent des regards, et ils s'accordent dans l'instant sur la nécessité de leurs existences!

(Ce que je suis véritablement en toi /vous/ tout à coup me regarde par tes yeux.)

(La voix de l'un parle dans l'autre, et l'autre la peut empêcher de se faire entendre.)

Pode ser que as reflexões muito amargas, quando encheram alguma medida inconcebível, acabem por entornar o coração? É possível que a duração mística e dupla esgotara sua substância de maus sonhos e que ela regressasse do infinito; e é possível que o tempo chegasse perto, em segredo, através de nossos tristes pensamentos, de nos olhar no rosto? Já realizávamos distraidamente o sonho de nos sorrir: Ah! se fosse possível! e fazíamos a cara que correspondesse, e pressentíamos o limiar delicioso das lágrimas nascentes. Basta então aos vivos, que tinham se acreditado eternamente separados, um encontro dos olhos, para que se descubram imediatamente um na alma do outro. Eles reconhecem que aí são deuses, donos da vida e das verdades; e esses deuses mútuos trocam olhares, e põem-se instantaneamente de acordo sobre a necessidade de suas existências!

(O que sou verdadeiramente em ti subitamente me vê por teus olhos).

(A voz de um fala no outro, e o outro não a pode impedir de fazer-se ouvir).

Quelle tendre lumière baigne ce que regarde l'âme réconciliée. La moindre nuance se fait sensible; les couleurs semblent venir d'être créées, quand la douce fin des tourments vient rendre la vie à l'étrange enfant qui est en nous. Voici qu'il croit de nouveau à ce qu'il voit. Une pierre claire chante. La colline est une caresse. La fermeté du sol est un grand miracle, si certain qu'il est incroyable. Tout ce moment est un diadème. L'unité de cet instant est plus forte que les forces intérieures du cristal le plus dur. Mais le cœur se compose en silence un trésor de souvenirs futurs. Une joie de nature inconnue abonde et soulève toute la masse du vivant. Il se sent plus d'amour qu'il n'en peut répandre, plus de mystère qu'il n'en existe dans les cieux, plus de puissance qu'aucun corps n'en peut décharger dans ses actes les plus violents.

Et les yeux s'édifient dans l'altitude, car au ciel lentement le feu qui détruit les jours se déclare, et les phénomènes du soir se prononcent,se décomposent dans l'entière grandeur du temple des regards.

L'air, les nuées et les sommets de la terre monstrueuse sont livrés aux flammes illusoires. Une vague et lente Vénus vaporeusement assemblée passe et nage aux cris des oiseaux, rose, et le premier songe du soleil qui s'est assoupi.

Tout est couronnes, guirlandes, trophées.

Palmes et plantes ardentes peuplent les degrés glorieux des montagnes méconnaissables.

Que luz suave banha aquilo que a alma reconciliada contempla. A menor nuance torna-se sensível; as cores parecem que acabam de ser criadas, quando o doce fim dos tormentos vem devolver a vida à estranha criança que existe em nós. Eis que ele acredita novamente no que vê. Uma pedra clara canta. A colina é uma carícia. A firmeza do solo é um grande milagre, tão certo quanto inacreditável. Todo este momento é um diadema. A unidade deste instante é mais forte que as forças interiores do mais duro cristal. Mas o coração compõe para si, em silêncio, um tesouro de lembranças futuras. Uma alegria de natureza desconhecida transborda e ergue toda a massa do vivente. Ele se sente com mais amor do que o que é capaz de distribuir, mais mistério do que o que existe nos céus, mais potência do que o que algum corpo pode descarregar nos seus atos mais violentos.

E os olhos se edificam na altitude, pois no céu o fogo que destrói os dias lentamente se revela, e os fenômenos da tarde se pronunciam, se decompõem em toda a grandeza do templo dos olhares.

O ar, as nuvens e os cimos da terra monstruosa estão entregues às chamas ilusórias. Uma vaga e lenta Vênus vaporosamente constituída passa e mergulha nos gritos dos pássaros, rosa, e o primeiro sonho do sol que adormeceu.

Tudo são coroas, guirlandas, troféus.

Palmeiras e plantas ardentes povoam os degraus gloriosos das montanhas irreconhecíveis.

Revenons... L'or se meurt, et toute chose peu à peu se fonce et se dégrade. Le sol fume. Un diamant déjà perce dans l'altitude. Les demeures et les dômes de feuilles s'amassent et se confondent; et toute la variété de la figure de la terre insensiblement s'assemble et se compose en un seul troupeau de formes vagues et obscures accablé de torpeur. Autour de nous, bientôt, la profonde unité des ténèbres sera.

Le plus pur de ce qui existe, le plus pur nous laisse et s'élève. Le haut ciel lentement se déclare univers. Quelque divinité se divise du temps, et tout le poids d'un jour de notre vie nous fait baisser la tête. Le silence nous prend: il nous sépare, il nous unit. Une est la lassitude.

Les tristes ombres des plus simples, des plus grandes, des plus amères et vaines ou naïves pensées nous accompagnent. A la faveur du soir, les mythes viennent, et se font plus sensibles et importants que toutes choses.

Revenons... Recourons à la flamme et aux lampes. Asseyez-vous auprès de moi. Vos mains froides, vos pieds mouillés tendus à la braise, vos yeux songent des étincelles. La vie et la mort dansent et craquent devant vous.

Voici que vous ne pensez plus à rien qui ne soit impossible à dire. Ineffable est le destin de cette durée.

Tout ici est douceur, tiédeur, sagesse et sûreté. Je sais bien, toutefois, que vous sentez et présumez en vous-même la présence de tous les ennemis de notre vie. *Ce qui ne sera*

Regressemos... O ouro agoniza, e toda coisa pouco a pouco se escurece e se degrada. O solo fumega. Um diamante já aponta na altitude. As moradas e os domos de folhas se acumulam e se confundem; e toda a variedade da figura da terra insensivelmente se conforma e se compõe numa única tropa de formas vagas e obscuras sobrecarregada de torpor. Logo existirá, em torno de nós, a profunda unidade das trevas.

O mais puro do que existe, o mais puro nos deixa e se eleva. O alto céu lentamente se declara universo. Alguma divindade se separa do tempo, e todo o peso de um dia de nossa vida nos faz baixar a cabeça. O silêncio toma conta de nós: ele nos separa, ele nos une. Uma só é a lassidão.

As tristes sombras dos pensamentos mais simples, mais elevados, mais amargos e vãos ou ingênuos nos acompanham. Graças ao fim de tarde, os mitos chegam, e se tornam mais perceptíveis e importantes que todas as coisas.

Regressemos... Recorramos à chama e às lâmpadas. Sente-se perto de mim. Suas mãos frias, seus pés molhados estendidos em direção à brasa, seus olhos sonham com fagulhas. A vida e a morte dançam e estalam diante de você.

Eis que você não pensa em mais nada que seja impossível de dizer. Inefável é o destino dessa duração.

Tudo aqui é conforto, tepidez, sabedoria e segurança. Bem sei, todavia, que você sente e presume em si mesma a presença de todos os inimigos de nossa vida. *O que não*

*plus, ce qui sera,* voilà l'une et l'autre puissance. Et c'est pourquoi vous frissonnez devant la flamme furieuse, et vous êtes faible et contrainte, toute réduite à votre cœur serré, muette et lamentable au sein des formes du bonheur.

Je sais, en toute certitude, que toutes les terreurs des hommes, et celles des petits enfants, celles des bêtes elles-mêmes, sont en vous à cause de l'heure. Il y a l'âge, l'organisme si frêle, les ténèbres au-dehors si rapprochées, les contes et les brutes, les assassins et les esprits... Une personne est bien peu de chose auprès de tant de périls qui émanent d'elle, la nuit venue. Je le ressens comme si j'étais dans votre chair. C'est pourquoi il faut se prendre dans les bras l'un de l'autre, et les paupières fortement fermées, étreindre une chose vivante, et se cacher dans une existence.

*mais será, o que será*, eis aí uma e a outra potência. E é por isso que você tirita diante da chama furiosa, e é frágil e reservada, toda reduzida a seu coração comprimido, muda e deplorável em meio às formas da felicidade.

Sei, com toda certeza, que todos os terrores dos homens, e os das criancinhas, até o dos animais, existem em você por causa da hora. Há a idade, o organismo tão frágil, as trevas lá fora tão próximas, os mitos e os brutos, os assassinos e os espíritos... Uma pessoa é bem pouca coisa perto de tantos perigos que dela emanam, quando a noite chega. Sinto-o como se estivesse em sua carne. É por isso que é preciso dar os braços um ao outro, e as pálpebras fortemente cerradas, estreitar uma coisa viva, e refugiar-se em uma existência.

Servez-vous.

Est-il plus fine nourriture, chair plus friande et plus fraîche?

Ces beaux rougets n'ont fait qu'un saut, de l'onde dans le feu.

Notre pêcheur les a portés à la cuisine, à peine il rentrait de la mer.

Il faut en reprendre.

C'est mon plaisir que vous repreniez de ce que j'aime.

Je veux voir dans vos yeux vous plaire ce qui me plaît.

Je prends ma jouissance dans la vôtre, je la tiens de votre visage, et je la suis, comme au second degré spirituel placée.

Buvez sur ce poisson ce vin que je vous verse.

Ce n'est qu'un petit vin frais, jeune, et sans expérience; mais vous tâterez tout à l'heure d'un Syracuse qui n'a pas moins de quatre-vingts ans!

Il est à l'extrême de ses vertus.

Avez-vous remarqué comme les vins très vénérables ont du pouvoir sur les souvenirs?

Ils sont de vieilles gens délicieuses pleines d'histoires et de sagesse.

Sirva-se.

Existe sustento mais fino, carne mais apetitosa e mais fresca?

Esses belos salmonetes não deram mais que um salto, da onda para o fogo.

Nosso pescador trouxe-os para a cozinha, mal voltara do mar.

Você deve servir-se mais.

É um prazer que você torne a se servir daquilo de que gosto.

Quero ver nos seus olhos que lhe agrada aquilo que me agrada.

Retiro meu prazer do seu, apanho-o de seu rosto, e o sigo, como que elevado ao segundo grau espiritual.

Beba com esse peixe o vinho que lhe verto.

Não passa de um modesto vinho fresco, jovem, e sem experiência; mas você logo provará um Siracusa que não tem menos de oitenta anos!

Está no extremo de suas virtudes.

Você notou como os vinhos muito veneráveis têm poder sobre as lembranças?

São pessoas velhas e encantadoras, cheias de histórias e de sabedoria.

Chaque goutte de ces œuvres du temps artiste est merveille complexe: elle éveille dans notre sens tout un système d'harmoniques.

On dirait que ces vins essentiels piquent et baisent à la fois les diverses nymphes nerveuses qui ont leurs mille petits antres dans la bouche, sur la langue, dans les narines.

Chaque année qu'ils ont vécue dans la cave leur a laissé quelque perfection.

Il faut les boire avant leur mort.

Un beau vin a sa vie pendant laquelle il se mûrit et se confit en soi-même.

Ceci confine à la magie.

Il y a magie en toutes circonstances où les choses donnent de l'esprit.

Cada gota dessas obras do tempo artista é maravilha complexa: ela desperta nos nossos sentidos todo um sistema de harmônicas.

Dir-se-ia que esses vinhos essenciais picam e beijam, ao mesmo tempo, as diversas ninfas nervosas que têm seus mil pequenos antros na boca, na língua, nas narinas.

Cada ano que viveram na cave deixou-lhes alguma perfeição.

É preciso bebê-los antes que morram.

Um bom vinho tem sua vida durante a qual amadurece e sozinho se faz conserva.

Isso confina com a magia.

Há magia em todas as circunstâncias em que as coisas criam espírito.

Tout à coup j'ai le sentiment d'un silence et d'un esprit dans les poils de ma nuque. Qui donc est si près de moi, peut-être, que je n'ose tourner la tête, ni jeter ma main derrière elle? Je sais bien que je saisirais la chose vivante que vous êtes, et que tu es un événement qui changera toute ma vie. Tu es là, avec toutes les conséquences ineffables du baiser qui est si proche et que rien maintenant ne peut plus retenir. Qu'attends-tu? Tu attends que tu ne puisses plus attendre, et tu veux te sentir une sorte de fatalité. Tes lèvres sur mon cou s'abattront comme une pierre. Et moi je me sens certain, d'une certitude de rêve, que tu es, derrière moi, avec tout ce qui va venir, comme dans un passé, comme si une chose tout accomplie et qui n'est pas encore, était présente dans cette chambre. Je me tournerai brusquement vers toi, aussitôt que le moment qui est en nous sera venu. Que de pensées, que de prédictions dans ce petit fragment de ma durée... C'est pourquoi mon cœur est saisi. *Encore un moment, Monsieur le bourreau...* Le livre qui est devant mes yeux est illisible, et mon âme sur ces lignes où mes regards s'attachent sans espoir, attend le choc.

Tenho, subitamente, o sentimento de um silêncio e de um espírito nos pelos da nuca. Quem está, assim, tão perto de mim, talvez, que não ouso voltar a cabeça, nem jogar a mão para trás? Sei muito bem que agarrarei a coisa viva que você é, e que és um acontecimento que mudará toda a minha vida. Tu estás aí, com todas as consequências inefáveis do beijo que está tão próximo e que nada agora pode mais conter. Que esperas? Esperas que não possas mais esperar, e queres te sentir uma espécie de fatalidade. Teus lábios se abaterão sobre meu pescoço como uma pedra. Quanto a mim, sinto estar seguro, de uma segurança de sonho, de que tu estás atrás de mim, com tudo o que está por vir, como num passado, como se uma coisa toda concluída e que não existe ainda estivesse presente neste quarto. Voltar-me-ei bruscamente em direção a ti, tão logo o momento que existe em nós tiver chegado. Quantos pensamentos, quantas predições nesse pequeno fragmento de minha duração... É por isso que meu coração é arrebatado. *Só mais um instante, Senhor carrasco...* O livro que está diante de meus olhos é ilegível, e minha alma, sobre essas linhas às quais meus olhos se apegam sem esperança, aguarda o choque.

Tu es belle comme une pierre; et ta forme se ferme si parfaitement qu'elle appelle les deux mains à l'épouser et à la suivre; à la reprendre et la refaire, selon ses pentes et ses masses, sa douceur et sa résistance, et cette fuyante plénitude qui affole indéfiniment le toucher. Tu es si belle que je te crée. O que mes mains recommencent encore la connaissance de leur ouvrage et que la créature engendre le créateur... Ton épaule excède toute parole; la fraîcheur, la fermeté, l'équilibre du bras que je soulève et baise, et qui conduit les lèvres vers ton sein, vers l'un des buts ou des pièges placés sur la forme de toi, pour que l'âme s'y prenne et n'ait de cesse qu'elle ne tombe et périsse au piège des pièges.

J'abandonne toute pensée. Toute pensée m'abandonne. Je me sens devenir mes mains, mes genoux impérieux, et la puissance de mon torse aux reins pressants. Il faut que je caresse et que je broie, que je tue et que je périsse, que je dompte et que je domine tout enchaîné.

Tu és bela como uma pedra; e tua forma se cerra tão perfeitamente que ela convoca as duas mãos a esposá-la e a segui-la; a retomá-la e refazê-la, segundo seus declives e suas massas, sua maciez e sua resistência, e essa fugidia plenitude que alarma indefinidamente o toque. Tu és tão bela quanto te crio. Ó, como minhas mãos recomeçam mais uma vez o conhecimento de sua criação e como a criatura engendra o criador... Teus ombros excedem qualquer palavra; a frescura, a firmeza, o equilíbrio do braço que ergo e beijo, e que conduz os lábios ao teu seio, a um dos alvos ou das armadilhas colocados sobre a tua forma para que a alma a ela se prenda e não se detenha até que tenha caído e perecido na armadilha das armadilhas.

Abandono todo pensamento. Todo pensamento me abandona. Sinto que me torno minhas mãos, meus joelhos imperiosos e a potência de meu torso que pressiona os rins. É preciso que eu acaricie e esmague, que mate e pereça, que, inteiramente encadeado, submeta e domine.

Une propriété essentielle d'une pensée est ce pouvoir qu'elle a de traverser d'autres pensées sans s'y confondre, comme les images ou les voix de convives opposés se traversent sans se troubler. Les pensées apparaissent aussi au milieu des circonstances les moins conformes à elles et où elles se trouvent le moins attendues.

Le corps parfois passe au travers de l'âme; un désir vole comme une flèche tirée d'un point de notre chair vers le ciel même de notre esprit. Une douleur, une lueur perce la substance du présent, la vérité se montre et fuit au travers d'un songe; le jour passé reluit, se développe et s'efface une fois de plus dans une fissure du jour: et moi, comme je respirais sans conscience le parfum qui suffit à me rendre vaines toutes les choses non infinies, et comme je n'avais qu'à oublier pour être, à m'abandonner pour agir, une idée pure m'apparut, une lumière tout étrangère à la volupté, et tout étrange pour la tendresse. Ensuite, elle fit place à côté d'elle à un bizarre sentiment de quelque anachronisme. Entre un moment si doux, si trouble et si obscurément venu et ce penser d'une pureté tout inhumaine, l'absence de relation me fit sourire, me fit du bien et du mal.

Uma propriedade essencial de um pensamento é este poder que ele tem de atravessar outros pensamentos sem com eles se confundir, tal como as imagens ou as vozes de convivas em lados opostos se atravessam sem se perturbarem. Os pensamentos aparecem assim em meio a circunstâncias que não lhes são nada convenientes e nas quais eles não são nada esperados.

O corpo às vezes passa através da alma; um desejo voa como uma flecha disparada de um ponto de nossa carne em direção ao centro do céu de nosso espírito. Uma dor, um relâmpago atravessa a substância do presente, a verdade se mostra e foge através de um sonho; o dia passado reluz, se desenvolve e se apaga uma vez mais numa fissura do dia: e quanto a mim, como respirava sem consciência o perfume suficiente para tornar inúteis para mim todas as coisas não infinitas, e como eu não tinha mais do que esquecer para ser, a me abandonar para agir, uma ideia pura me surgiu, uma luz inteiramente estrangeira à volúpia, e inteiramente estranha à ternura. Depois, ela deu espaço, ao lado, para um bizarro sentimento de algum anacronismo. Entre um momento tão doce, tão turvo e que chegou tão obscuramente e este pensar de uma pureza inteiramente inumana, a ausência de relação me fez sorrir, me fez bem e mal.

Venez... Viens... Il faut tomber enfin. Que les ténèbres soient. Que la parole aux souffles seuls enfin le cède. Nous n'avons plus de noms ni de visages et leurs regards; et l'apparence avec l'esprit s'évanouissent... C'est à présent qu'il n'y a plus de distance entre nous, et que ce qui n'est point substance du désir et présence pressante n'existe plus. J'ai oublié votre visage, et tous les chemins de ta forme me sont doucement familiers. On ne trouve que de la vie à saisir; le moment ne distingue plus entre les chairs; les personnes et le passé sont effacés. La caresse forme la forme et suit la forme qu'elle engendre, et la réveille et la rapaise, elle se joue à la surface de la vie qu'elle enveloppe de passages aux nuances successivement tendres, vagues, précises, impérieuses. L'être et l'être ne sont plus que des forces dans l'ombre. Il y a des mains, des membres, des masses, des puissances qui se tâtent, se composent, se conviennent tacitement; qui s'interrogent et qui se répondent, comme dans un colloque de l'âme avec soi-même, par des douceurs et des accès, par des similitudes ineffables qui s'entredevinent, par des contrastes qui s'animent et se résolvent, et tout ceci se confond dans le sentiment extraordinaire des énergies qui naissent et renaissent et surabondent par l'approche et par le contact de l'unique avec l'unique, dans le partage et dans l'échange, dans la poursuite de l'intime dans l'intime, jusqu'à la perfection si voisine de l'unité qu'il faut une sorte de mort par la foudre pour dénouer ce drame et rendre au monde ce resserrement.

Venha... Vem... É preciso sucumbir enfim. Que se façam as trevas. Que a palavra aos sopros apenas enfim se renda. Não temos mais nomes nem rostos e olhos; e a aparência se desvanece juntamente com o espírito... É agora que não há mais distância entre nós, e que o que não é substância do desejo e presença urgente não existe mais. Esqueci seu rosto, e todos os caminhos de tua forma me são deliciosamente familiares. Não há senão a vida para colher; o momento não faz mais distinção entre as carnes; as pessoas e o passado se apagaram. A carícia forma a forma e segue a forma que ela engendra, e a desperta e a acalma, ela brinca na superfície da vida que ela envolve com passagens de nuances sucessivamente delicadas, vagas, precisas, imperiosas. O ser e o ser não são mais que forças na sombra. Há mãos, membros, massas, potências que se tocam, se compõem, se convêm tacitamente; que se interrogam e que se respondem, como num colóquio da alma consigo mesma, por carícias e por assaltos, por similitudes inefáveis que se entreadivinham, por contrastes que se animam e se resolvem, e tudo isso se confunde no sentimento extraordinário de energias que nascem e renascem e superabundam pela aproximação e pelo contato do único com o único, na partilha e na troca, na busca do íntimo no íntimo, até à perfeição tão vizinha da unidade que é preciso uma espécie de morte pelo raio para desenlaçar esse drama e devolver ao mundo esse enlace.

X nom du secret, appellation de la chose inconnue, je te vois inscrit dans les cieux. Bételgeuse, Bellatrix, Rigel, Kappa, quatre sommets de l'X écartelé sur cette nuit si pure et populeuse. Au centre de l'immense figure, Alnilam, Alnitak, Mintaka sont les joyaux du nœud qui attache les membres de la lettre imaginaire. Un signe de l'algèbre brille et palpite sur la ceinture de notre monde. Mon front se presse au verre qui me sépare des ténèbres, et le frisson du froid qui règne entre les étoiles me parcourt. X! me suis-je dit, quoi de plus admirable!

Quelle idée plus digne de l'homme que d'avoir dénommé ce qu'il ne sait point? Je puis engager ce que j'ignore dans les constructions de mon esprit, et faire d'une chose inconnue une pièce de la machine de ma pensée. J'appuie mon front à la vitre glacée; la question du savoir et du non savoir me semble suspendue éternellement devant mon silence, et une sorte d'équilibre stationnaire entre l'homme et l'esprit de l'homme s'établir.

X, nome do segredo, denominação da coisa desconhecida, vejo-te inscrito nos céus. Betelgeuse, Bellatrix, Rigel, Kapa, quatro cumes do X esquartejado sobre essa noite tão pura e populosa. No centro da imensa figura, Alnilan, Alnitaka, Mintaka são as joias do nó que ata os membros da letra imaginária. Um sinal algébrico brilha e palpita na cinta de nosso mundo. Minha fronte comprime-se contra o vidro que me separa das trevas, e o arrepio do frio que reina entre as estrelas me percorre. X! digo para mim mesmo, nada mais admirável!

Qual ideia mais digna do homem do que a de ter denominado aquilo que ele não conhece? Posso envolver o que ignoro nas construções de meu espírito, e fazer de uma coisa desconhecida uma peça da máquina de meu pensamento. Apoio minha fronte na vidraça gelada; a questão do saber e do não saber me parece eternamente em suspensão diante de meu silêncio, e uma espécie de equilíbrio estacionário parece estabelecer-se entre o homem e o espírito do homem.

Y a-t-il en moi, est-il possible que je trouve, ô ma vertu de penser, par ton acte inconnu et imperceptible, quelque liaison / quelque échange / entre ce ciel tout ensemencé de petits corps lumineux et mon instant et ma présence et ce reste d'amour qui est sur moi? Puis-je de ces vivants vestiges / vivantes marques /, de ces ombres de caresses qui sont sur mes épaules, de ces douceurs qui durent sur mes paumes, sur mes lèvres, et de ces vigueurs qui renaissent dans mes membres, puis-je de ces désirs, de ces volontés contentes et mal apaisées, faire chose aussi étrangère et si nettement contemplée que ces lumières séparées! Il existe un immense amas d'îles et de points vivants épars. Total. La vue permet de penser total.

Y, esta letra! Há em mim, é possível que eu encontre, ó minha virtude de pensar, por teu ato desconhecido e imperceptível, alguma troca entre esse céu todo semeado de pequenos corpos luminosos, e meu instante e minha presença e esse resto de amor que existe em mim? Possa eu, dessas marcas vivas, dessas sombras de carícias que estão sobre meus ombros, dessas delícias que subsistem nas palmas da minha mão, nos meus lábios, e desses vigores que renascem nos meus membros, possa eu, desses desejos, dessas vontades contentes e mal apaziguadas, fazer algo tão estrangeiro e tão nitidamente contemplado quanto essas luzes separadas! Existe um número imenso de ilhas e de pontos vivos dispersos. Finalmente. A visão permite pensar finalmente.

Zénith
au sein de la profonde nuit.

Une heure et demie. Je m'éveille et me lève et vais, et le manteau jeté sur mes épaules, ouvre la petite fenêtre carrée, basse. Tout le joyau désastre système Orion est en ascension, culminera dans une heure. Allez donc déchiffrer...

C'est pourtant l'heure, l'éveil, *l'éveille-toi* où devrait parler ce qui a Quelque chose à dire...

Voici une oreille, une bouche, un témoin, un poste; une écoute; de quoi traduire; une intelligence en ordre de marche, une attention, un silence et une limpidité...

L'eau profonde du monde à cette heure est si calme, l'eau des choses-Esprit si transparente comme espace-temps pur; point troublée que l'on devrait apercevoir Celui qui rêve tout ceci.

Mais il n'y a rien que ce qui est et rien de plus, rien que ce qui est et s'écoule uniformément.

O ceinture – *Zone* – A quoi riment Toi et Moi?

Zênite
no seio da noite profunda.

Uma hora e meia. Desperto e me levanto e vou, e o manto jogado nos ombros, abro a pequena janela quadrada, baixa. A joia inteira, desastre, sistema Orion está em ascensão, culminará em uma hora. Vamos pois decifrar...

É, entretanto, a hora, o despertar, o *desperta-te* em que deveria falar aquele que tem Algo a dizer...

Eis aqui uma orelha, uma boca, um testemunho, um correio; uma escuta; algo a traduzir; uma inteligência em formação de marcha, uma atenção, um silêncio e uma limpidez...

A água profunda do mundo está tão calma nesta hora, a água das coisas-Espírito tão transparente quanto espaço-tempo puro; nada turvada, de maneira que se deveria avistar Aquele que sonha tudo isso.

Mas não há nada senão aquilo que existe e nada mais, nada senão aquilo que existe e escorre uniformemente.

Ó cinta – *Zona* – Com que rimam *Toi* e *Moi*?

# Posfácio

Michel Jarrety

Tal como outras obras de Valéry (*Introdução ao método de Leonardo da Vinci* ou, bem mais tarde, *Eupalinos*), o *Alfabeto* tem origem numa encomenda. Quando, em 1924, o editor René Hilsum, em sua livraria da avenida Kleber, mostra-lhe vinte e quatro capitulares que acabara de adquirir, gravadas pelo pintor Louis Jou, logo surge, ao longo da conversa, a ideia de lhes fazer corresponder vinte e quatro poemas em prosa cuja inicial fosse cada uma das letras, sem o K e o W, que não faziam parte do conjunto, e Valéry propõe-se imediatamente ordená-las de acordo com as vinte e quatro horas do dia. À máquina ou à mão, ele esboça rapidamente várias letras e logo – é, para ele, uma maneira de *colocar em ação* a coletânea – inaugura um caderno rosa no qual desenha em preto o título *ABC*, seguido das suas iniciais: P.V. Para a quase totalidade das letras, a página da direita registra um determinado estado dos poemas e, a página da esquerda, algumas notas esparsas e aquarelas. O conjunto torna-se, depois, objeto de revisões sucessivas, de que dão provas as numerosas cópias datilográficas, mas à diferença dos poemas em verso, escritos, na maioria das vezes, em fragmentos separados e, depois, lentamente reunidos, na busca daquele que será o sentido do texto, é uma escrita contínua que se descobre aqui, e que, por amplificação, avança rapidamente. Certas letras logo encontram sua forma última; outras, ao contrário, A e E, por exemplo, são pacientemente retrabalhadas.

O Caderno *ABC* marca muito vagamente o ciclo regular das horas inicialmente previsto, limitando-se ao simples esboço de alguns momentos importantes: a divisão do ser que percebe a si mesmo adormecendo, o despertar longamente modulado, a espera da Ideia que logo surgirá e, mais adiante, a refeição do meio-dia; mas não passam, até aí, de poemas desconectados de qualquer consecução rigorosa, enquanto, ao contrário, o período após o meio-dia, a partir da entrada em cena de uma figura feminina, compõe-se de uma sequência de momentos afetivos, e tensionados em direção à união amorosa, consumada na letra V, antes que a coletânea se encerre com a interrogação diante da noite profunda. Essas primeiras referências não desaparecerão mais, mas uma outra estrutura logo se lhes junta, uma vez que ao ciclo das horas superpõe-se discretamente o das estações: após poemas que evocam simbolicamente o calor do verão (o mar pressentido, a claridade da luz meridiana na letra J), Valéry claramente associa à letra R o outono cuja "alta tristeza" liga-se à "ternura pelo terror amedrontador", antes que a observação dos astros, na letra X, evoque possivelmente o inverno, a julgar pela fronte apoiada na "vidraça gelada". O que assim se esboça é uma sucessão de sequências que acolhem, num espaço em que espontaneamente ressurge o Mediterrâneo dos anos de juventude, a luz e o mar, a transparência do ar e a terra ardente, a profundidade noturna e a claridade perturbadora das estrelas. Tudo isso está sintetizado numa nota do dossiê: trata-se de uma *cosmocronia*. Espontaneamente pensada por Valéry, a correspondência entre as horas e as letras não era uma arquitetura casual, nem uma restrição abstrata, mas, sobretudo, o signo do interesse há muito centrado nas variações do Espírito e do Corpo de que são prova as páginas dos *Cadernos* cotidianamente mantidos desde 1894, e que só a morte interromperá. De uma certa maneira, essas variações já constituíam a nervura de *A Jovem Parca*, e não é nenhuma surpresa, pois, que, em 1916, enquanto se prepara justamente para concluir o poema que aparecerá no ano seguinte, ele tenha podido projetar um outro, e certamente ainda em versos, cujo movimento refaz toda "a psicofisiologia ao longo de um dia", a "fisionomia das horas sucessivas" (C.VI.299).[1] Estrutura cíclica, que proporcionava o benefício formal de um livro fechado sobre si mesmo – e Valéry imaginará, muito mais tarde, em 1943, que as vinte quatro horas do dia poderiam, igualmente, compor um romance (C.XXVII.364). A cosmocronia do *Alfabeto* certamente superpõe-se a essa variação e a essa ordem, a essa abertura e a esse fechamento, mas de uma maneira, entretanto, toda ideal e como que compondo o horizonte sonhado, se quisermos, de alguma obra perfeita. Ater-se mais estreitamente a isso teria, entretanto, obrigado Valéry a restituir o curso inteiro do dia e da noite e, portanto, a acolher, por exemplo, o sonho, um dos estados fisiológicos que, tanto quanto o despertar, mais frequentemente estimularam o seu interesse e cuja ausência aqui pode nos surpreender:[2] ora, se ele parece ter, inicialmente, estabelecido no X o absoluto da meia-noite em que o total das coisas se anula à vista das estrelas, se na letra Z um esboço de plano menciona o adormecer, a coletânea se fecha, à uma hora da noite, com um novo despertar.

A escansão regular das horas exigia uma segunda restrição: não, certamente, a de uma narração, mas, em todo caso, a de uma sequência dos momentos de que se compõe *a ordem do dia* – e pode-se facilmente supor que Valéry, seguro de que o tempo verdadeiro é o da sensação e não o de uma cronologia abstrata, deve ter percebido essa condição como um perigo. Ele não demora em superá-la, ao não oferecer mais que presentes sucessivos e largamente desconectados entre si, mas uma tensão deve ter logo surgido entre duas exigências opostas: a da ordem que ele se impunha e a dos temas e questões que ele tinha muito espontaneamente sido levado a escolher como objetos de seus poemas, sem preocupação com uma verdadeira continuidade.

Uma divisão logo se impusera: as primeiras horas – segundo seu próprio testemunho[3] – deveriam, em geral, evocar a manhã de trabalho, que, contudo, quase não transparecia, a não ser na letra G e na menção à "página toda atacada de escrita" da primeira versão da letra D (O.II.661 e ss.); enquanto os momentos logo após o meio-dia deveriam desenvolver a troca amorosa. Mas como veremos, os poemas do *Alfabeto* praticamente abandonam essa restrição: até à letra G, seu objeto quase exclusivo é o despertar do Corpo, e sobretudo do Espírito, tensionado até à iminência de seu possível, e a coletânea conserva apenas o traço de uma cronologia, suficientemente frouxa para se coordenar com a perfeita estrutura de um ciclo. Mais do que de horas facilmente identificáveis, trata-se, aqui, de *fases* que se descobrem – e a palavra pertence ao vocabulário próprio de Valéry, isto é, de momentos que revelam de mais perto as disposições presentes do sujeito: *estados de existência* que compõem o tempo da coletânea na sensação de durações variadas – a da suspensão, neste ou naquele instante próximo do êxtase, a da escalada do desejo e da espera amorosa, a da inquietante estrangeiridade diante da luz ou do céu estrelado.

Quando *Commerce*, a revista que a princesa Bassiano dirige, juntamente com Fargue e Larbaud, publica as três primeiras letras no outono de 1925, Valéry certamente mantém a ambição de levar a termo o *Alfabeto* cuja publicação próxima nas *Éditions du Sans Pareil*, dirigida por René Hilsum, é anunciada pela revista. O livro acaba não sendo publicado, mas o projeto não é esquecido: Valéry escreve outros textos, esboça alguns planos[4] e, para algumas letras, pensa em novas versões. Paralelamente, acumulam-se notas diversas, manuscritas ou, mais raramente, datilografadas, às vezes registradas nos *Cadernos*. Frequentemente abstratas ou elípticas, muitas delas são acompanhadas da abreviatura "*Alph. Ér.*", o que estreita a ligação dos poemas com Eros, e registram reflexões sobre a troca amorosa tal como ele imagina escrevê-la. Uma pasta reúne, parcialmente, essas notas, na capa da qual Valéry escreve: "*Érôs de l'Alphabet*".[5]

É evidente que ele se desviou muito rapidamente do ciclo restritivo das horas inicialmente previsto, e que se o projeto continuou a solicitá-lo, foi porque ele entendia, por meio dele, evocar uma relação afetiva que não se pode separar de sua experiência pessoal, uma vez que o essencial do Alfabeto foi escrito nos anos em que Valéry esteve intimamente ligado a Catherine Pozzi, que ele conheceu em 1920. Da letra M à letra V, os poemas conservam, secretamente, o traço de sua presença, numa alternância difícil entre proximidade cobiçada e distância dolorosamente sofrida, de que é prova a belíssima letra O. A evocação da mulher amada não permite, aqui, qualquer tipo de especulação sobre a vida pessoal do poeta, e não é importante atribuir um nome real, que pertencia exclusivamente à esfera da intimidade de Valéry, a uma figura que designa qualquer mulher possível. É verdade que o destino do texto esteve ligado a esse fato, mas também que a história dessa intimidade teve um papel na própria história do texto. Várias notas – "Alfabeto: a espera no amor", "Alfabeto da ternura" – inscrevem, claramente, Eros no centro mesmo da coletânea e quando Valéry abandona-a, em 1928, é a ruptura com Catherine Pozzi, não tenhamos dúvida, que o faz desviar-se de um projeto voltado para o seu próprio passado.

A leitura pessoal que ele próprio poderia fazer dessas páginas impedem-no, por muito tempo, de voltar ao projeto e, mais ainda, de publicá-lo. Se, em 1931, Valéry reabre, por uma primeira vez, o *Alfabeto*, ele não lhe dirige mais que um rápido olhar, que faz, entretanto, com que publique quatro dos poemas na *Revue de France* de 1º de janeiro de 1932. Quando retorna ao projeto, um pouco mais demoradamente, em 1935 (é nesse momento que ele providencia a datilografia de quase todas as letras) e, novamente, em 1937-1938, faz vários retoques nos textos, lança mais notas no papel, escreve outras versões e certamente pensa, outra vez, numa publicação, uma vez que uma maquete de uma edição de luxo, que a guerra impediu que fosse publicada, parece ter sido preparada em 1939.[6] O dossiê do *Alfabeto* oferece, assim, um livro completo, mas defasado e inacabado. Defasado, porque os poemas não correspondem senão muito aproximadamente à sequência rigorosa das vinte e quatro horas do dia inicialmente pensada. Inacabado, pois, considerando-se o resultado desigual da coletânea, a projetada publicação de 1939 não passara de uma conveniência a que Valéry se permitira. Pois, se muitos textos manifestam o mais notável e soberano domínio, alguns deles, que certamente estavam aquém de sua própria expectativa, são provas de uma falta de empenho que a lassidão ou o desinteresse impediram-no, mais tarde, de superar.

A questão da falta de acabamento do *Alfabeto* – única coletânea de poemas em prosa composta por Valéry – é, entretanto, mais complexa. Do ponto de vista formal, com efeito, a inclinação natural do poeta, que o fez sempre desconfiar da espontaneidade da escrita – e a inferioridade da prosa está sobretudo, a seu ver, em não oferecer as restrições imediatas do verso –, levou-o a desejar que esses poemas fossem submetidos a rigorosas leis de funcionamento.

Isso é confirmado por algumas notas, e a mais explícita delas (aqui reproduzida no Anexo IV.1) evoca aquilo que Valéry, utilizando a abreviação C. E. M., teoriza nos *Cadernos*, e pela qual ele designa a unidade fechada e sobretudo singular daquilo que ele sempre percebeu como Meu Corpo, Meu Espírito e Meu Mundo – o possessivo é importante – que compõem, no macrocosmo do universo, uma espécie de microcosmo que lhe é próprio: marca de uma insularidade que é, nele, constante, e à qual, por sua ambição de totalidade fechada, a cosmocronia do *Alfabeto* abria, sem dúvida, um campo de aplicação propício. Tratava-se, pois, de atribuir aos poemas – preocupação constantemente valéryana – uma *composição* formal, em acordo com a alternância regular e variada de fases supostamente evocadas, de maneira sucessiva, por cada um dos termos do C. E. M. Mas a própria dificuldade de *colocar em ação*, de maneira precisa, leis abstratas desse tipo foi, sem dúvida, o que, em parte, levou Valéry a desistir do projeto – tal como ocorreu mais tarde quando ele condicionou *Meu Fausto* a irrealizáveis leis de funcionamento teatral.

Essas exigências formais certamente respondiam ao desejo, nele sempre presente, de construir uma literatura que fosse escrita *contra* o arbitrário daquilo que poderia perfeitamente assumir uma outra forma, ou um outro *sentido*: significação, certamente, mas igualmente orientação de conjunto. Essa recusa tão aguda de qualquer gratuidade, e que funda, por um lado, sua crítica do romance que, em cada um de seus momentos, poderia, segundo ele, tornar-se inteiramente outra coisa, deveria naturalmente manifestar-se aqui e, para contrariar qualquer arbitrário, não fora sem razão que a restrição inicial das vinte e quatro horas viera espontaneamente à mente de Valéry. Mas uma vez que nenhum tema se impunha de maneira suficientemente forte para orientar todos os momentos do ciclo, uma vez que – todos os planos mostram isso – ele experimentava uma evidente dificuldade a se impor, para cada uma das horas, um tema necessário, era dificilmente evitável que ele logo não experimentasse um sentimento de contingência diante de poemas cujo tema fosse muito espontaneamente imposto, não em função de uma ordem premeditada – pois os planos vieram *depois* –, mas de solicitações imediatas de seu imaginário.

Quanto à escolha necessária entre as diferentes versões escritas para algumas das letras, tudo leva a crer que Valéry não se decidia facilmente, pois a situação de abertura sempre o seduzira – chegando, às vezes, ao ponto da ausência de uma decisão final, que, precisamente, frustrava o arbitrário: não oferecera ele, no *Álbum de versos antigos*, dois estados diferentes de um mesmo poema: "*Féerie*" e "*Même Féerie*"? Não se tratava de uma brincadeira, nem de um coquetismo de autor, mas simplesmente da ilustração desse sentimento dos possíveis que se exprime, em 1937, nos "Fragmentos de memórias de um poema": "Talvez fosse interessante fazer *uma vez* uma obra que mostrasse, em cada uma de suas *tramas*, a diversidade que se pode apresentar ao espírito, em meio à qual ele *escolheu* a sequência única que será dada no texto. O que significaria, nesse caso, substituir a ilusão de uma determinação única e imitativa do real pela do *possível-a-cada-instante*, que me parece mais verdadeira" (O. I.1467).

Inacabado, ou melhor, posto em estado de suspensão, o *Alfabeto* nos revela, pois, os dois polos entre os quais se manteve, em Valéry, uma tensão frequentemente não resolvida: o da perfeição fechada que o ciclo das horas esboça; e o da variação dos possíveis de que constitui prova, para certas letras, a presença de várias versões. Ele também nos faz lembrar que, mais do que a obra feita, foi o *fazer* que sempre seduziu o escritor. Entretanto, os poemas que se lerão mais adiante quase não deixam adivinhar essa falta de acabamento. É verdadeiramente um livro que nos é oferecido, e que se diria acabado se não se conhecesse a história desta coletânea finalmente bastante completa, também um livro em que, sem dúvida, se revela, mais visivelmente do que em suas outras obras, o que eu denominaria – da mesma forma que ele falava de Eu puro – *o ser puro* de Valéry, isto é, para além de toda referência à realidade social ou histórica à qual ele estava ligado, para além de toda menção a um tempo ou a um lugar localizáveis, a presença de um Espírito e de um Corpo frente a si e ao Mundo, e também frente ao Outro, no ponto mais próximo de uma sensualidade e de uma inquietude em que se revela a profundidade existencial que esses poemas fazem continuamente aflorar. Se o *Alfabeto* revela, assim, os estados essenciais de um sujeito, ele igualmente compõe uma totalidade que não deixa de constituir um ciclo. De fato, é o todo de um ser que toma forma e talvez se resuma no *Alfabeto*, mas desvestido de traços biográficos, pois Valéry se afirma sem expor aquilo que pertence apenas a ele: à diferença de uma ou outra página mais pessoal dos *Cadernos*, o *Alfabeto* exige a presença de um leitor. Foi o que pressentiu sua filha, a sra. Agathe

Rouart-Valéry quando, em 1976, decidiu publicar, na Librairie *Auguste Blaizot*, uma primeira edição da coletânea, limitada a 180 exemplares. Ela não propusera, entretanto, naquela ocasião, mais do que uma versão de cada letra: ler-se-á, aqui, pela primeira vez, as outras.

Falar do *ser puro* significa sublinhar que os estados de existência que o *Alfabeto* empenha-se em expressar acedem ao poético por uma escrita que não apenas os estetiza, mas que os sublima inteiramente, de tal maneira que se a marca do cotidiano destaca, por exceção, certos poemas, como ocorre, por exemplo, no caso das duas refeições, é o sentimento de uma recaída, de uma alta tensão subitamente liberada que, apesar do encanto dessas páginas, não se deixa de experimentar. Um *Eu* sem nome, sem determinações, e nisso comparável àquele que domina *A Jovem Parca* e também os poemas de *Charmes*, simplesmente exprime para si mesmo aquilo que ele sente ser e pensar. Compõem-se aí os fragmentos de um autorretrato (duas aquarelas, no Caderno *ABC*, retratam justamente o próprio Valéry), mas de um autorretrato circunscrito àquilo que define um modo singular de existir no mundo, no qual o sensível constantemente triunfa, e que arruína a imagem convencional, e contudo extremamente falsa, do poeta do Intelecto. Modo de existir que se mostra, pois, o mais próximo daquilo que os *Cadernos* – nos quais, aqui e ali, o escritor se analisa – nos ensinaram a perceber como uma forma de presença e de ausência – aquela justamente evocada por um fragmento de 1921: "Degas me chamava o Anjo. K. [Catherine Pozzi] me definiu: o Ausente" (C.VII.760).

O *Alfabeto*, de fato, nos revela, alternadamente, essa figura dupla: a de um Corpo e de um Espírito puros, mas de um ser igualmente separado na divisão de seu ser próprio, na distância implacável frente a um Mundo que subitamente parece não ser mais o seu, no distanciamento do Outro, enfim, ao qual se junta a agonia. Qualquer comentário a respeito ficaria aquém daquilo que o próprio Valéry escreveu sobre si próprio, para si próprio, por uma espécie de duplo corte – e, particularmente, em 1932, quando, evocando novamente o epíteto que Degas lhe dera, interpreta-o de maneira mais profunda: "Ele tinha mais razão do que supunha. Anjo = Estranho, extranho = estrangeiro... curiosamente [igual] ao que é, e ao que ele é" (C.XV.812). Mas o motivo do Anjo é duplo: se é certo que ele afirma essa distância que o separa de si mesmo que encontrará sua mais comovente expressão no último poema em prosa, *O Anjo*, concluído nas últimas semanas de 1945, que descreve precisamente aquele que se conhece e não se compreende, ele designa igualmente, em troca, e como que para apagar precisamente toda separação, o devaneio de um Corpo que o Espírito esquece sem procurar dominá-lo, como fazia o Senhor Teste, por um controle extremamente intelectual, o devaneio, igualmente, de um Espírito subitamente livre de todo entrave, separado do Corpo e do Mundo, e que fornece um envoltório sensível àquilo que Valéry não se cansou, em termos abstratos, de definir como o Eu puro. Ora, é essa presença sucessiva de divisão dolorosa ou inquieta e, por outro lado, de fusão eufórica, ou de distanciamento feliz, que alinhava o *Alfabeto* e revela mais de perto os *estados* valéryanos. Não vejamos nisso, muito apressadamente, uma lei de alternância que imporia à coletânea uma ordem que visivelmente o escritor não premeditou. É evidente, entretanto, que essa distância e essa proximidade percorrem, alternadamente, a maior parte dos poemas, compondo as *disposições* essenciais do ser.

Frente ao mundo está, inicialmente, o banho da letra D que, na fusão, elementar e transparente, do corpo e da água, oferece um dos momentos mais preciosos de sensualidade, mas em que o prazer nasce menos de uma sensação feliz que de uma dissipação do corpo, ele próprio liquefeito, restituído a uma pureza que não o distingue da água que o acolhe – e não é sem razão que o sujeito evoca seus sonhos com "anjos e algas". Fusão elementar, que reencontramos na letra G, em que o espetáculo do dia parece convidar à troca, ou melhor ainda, à conquista de uma transparência idêntica na transição das vozes: "Minhas palavras interiores se calam, rendendo-se aos gritos puros dos pássaros", antes que, bem mais tarde, na noite sombria do último poema, eleve-se um quase desejo de desaparição ou de integração, secretamente refletida na exterioridade que se contempla – e trata-se, ainda, de um universo líquido: "A água profunda do mundo está tão calma nesta hora, tão calma, a água das coisas-Espírito tão transparente quanto espaço-tempo puro; nada turvada, de maneira que se deveria avistar Aquele que *sonha* tudo isso" [ênfase minha]. Um mundo permeável se abre para receber aquele que com ele se confunde.

A essa fusão sonhada, em que o Corpo e o Espírito parecem se dissolver no espaço que os acolhe, corresponde, pois, essa espécie de ausência em que se afirma a estrangeiridade valéryana frente ao mundo que o coloca à distância, enquanto a certeza de pertencer-lhe apaga-se totalmente. Não é, pois, indiferente – trata-se da alternância de que eu falava – que, após a letra D, e antes da letra Z, em que a união é afirmada, uma das versões da letra E (a que se encontra na presente coletânea) e, sob outro aspecto, a letra X, permitam que se leia essa fenda perfurada com secreta inquietude diante da claridade do dia ou da obscuridade da noite – dois momentos simétricos do ciclo. Entre o ser e o mundo – é esse enfrentamento que subitamente impele a diferença que acompanha a *saída* de um espaço para um outro. É o que ocorre, na segunda versão da letra J, quando o sujeito, após o plácido momento da refeição, dá alguns passos na sacada e avança "como um *estrangeiro*" [ênfase minha] em direção a uma luz à qual ele não pertence: "Aqui, tudo o que brilha e vibra não é eu". A claridade do dia serve, subitamente, de cortina, da mesma maneira que, na letra E, diante da janela aberta que separa o dentro do fora, "em presença da luz, e todavia fora dela", numa diferença que o poema inteiro modula: "Não faço parte do que é iluminado pelo sol". A mesma distância, enfim, revela-se na letra X, em que, mais claramente ainda que a janela, é o vidro gelado que materializa a separação relativamente à estrela longínqua, marcada por uma cifra enigmática: "X, nome do segredo, denominação da coisa desconhecida, vejo-te inscrito nos céus". Nenhuma surpresa, pois, se a divisão do ser, nos três poemas, dá a entender que a inquietude supõe a *reflexão*. Na sacada, quando o sujeito dá um *outro passo*, é a estrangeiridade do mundo que convoca a do próprio ser relativamente a si: "O que de mais estrangeiro que aquele que sente ver o que ele vê?". Da mesma maneira, relativamente à luz, que banha e penetra a janela aberta, na letra E, a distância implica a separação interior do Espírito, mas também a do Corpo, cuja mão se descobre, ela própria, estrangeira ao olhar: "Meu espírito pensa em meu espírito e meus olhos consideram minha mão". E, subitamente, diante do vidro fechado sobre a noite, "a questão do saber e do não saber me parece eternamente em suspensão diante de meu silêncio, e uma espécie de equilíbrio estacionário parece estabelecer-se entre o homem e o espírito do homem".

Essa estrangeiridade é inteiramente existencial, mas ela certamente também recobre – a questão do saber vem do dizer – uma dimensão mais intelectual, que um dos planos (Anexo III.1) nos permite adivinhar, uma vez que, ao lado do T, Valéry escreveu: "Metafísica". Não devemos nos deixar enganar pela palavra, que não implica nada de abstrato. O que aqui se desdobra é – em contraponto à sensação de sermos puro acidente diante de um mundo cuja surpresa é que ele seja assim quando poderia ser inteiramente outro – um dos temas filosóficos do último Valéry, para quem o verdadeiro modelo de inteligência seria "a representação, num único conjunto, de todas as coisas por um indivíduo determinado" (C.VIII.456). Concebe-se, assim, mais facilmente, que a inquietude possa se sobrepor, tal como na letra Y, ao sentimento de uma possível falta de pertencimento a um fora longínquo, mas também à segurança mais intelectual de que este mundo, constituído em um Todo separado, possa precisamente escapar, no sentido mais próximo da etimologia, a toda forma de *compreensão*: "Há em mim, é possível que eu encontre, ó minha virtude de pensar, por teu ato desconhecido e imperceptível, alguma troca entre esse céu todo semeado de pequenos corpos luminosos, e meu instante e minha presença e esse resto de amor que existe em mim?".

É a mesma alternância entre fusão e divisão que se revela frente a si mesmo – e sobretudo pelo tema do olhar. Quando, em 1891, Valéry dá a um dos primeiros poemas, mais tarde incluído no *Álbum de versos antigos*, o título "Narciso fala", não se trata absolutamente de renovar um tema literário convencional, mas, ao contrário, de dar uma figura e um nome, que reaparecerão na *Cantata do Narciso*, e nos "Fragmentos do Narciso" de *Charmes*, a uma constante fratura interna. Essa distância narcísica que expressa, ao mesmo tempo, a distância do Ser ao Conhecer, da Parte ao Todo, e do Espírito ao Corpo aparece na obra toda, do começo ao fim. Limitar-me-ei a evocar aqui o Senhor Teste que, após ter decidido submeter seu corpo à dominação do seu espírito, e tendo falhado, frente à dor que anula um domínio tão total, afirma no final de *Uma noite com o Sr. Teste*: "Eu sou sendo, e me vendo; me vendo me ver, e assim por diante..." – fórmula retomada pela *Jovem Parca*, inteiramente trabalhada, ela também, pela divisão: "Vejo-me me ver" (v. 35). Nesse desdobramento, não é apenas uma falha interior do ser que se revela em Valéry, mas também a surpresa sempre renovada de ser, presente *neste* corpo tão contingente que, às vezes, dele se afasta – observemos essas mãos tão frequentemente desenhadas ou pintadas, mas como que cortadas e subitamente colocadas à distância, suas sem dúvida, mas também não suas – num sentimento de estranheza que não é diferente daquele que ele experimenta frente ao mundo. O que resume a questão – brincalhona ou maliciosa – que fecha o *Alfabeto*: "Com que rimam *Toi* e *Moi*?".

Não deveríamos, pois, nos surpreender com o fato de que, desde a abertura da coletânea, quando o Espírito observa seu Corpo adormecido, uma voz, tal como ocorre com Narciso, fala para si mesma, e afirma a distância, composta de presença e ausência: "Debruço-me sobre ti que és eu e não há qualquer troca entre nós" – antes que o renascimento para um novo dia, no fim do poema, recomponha o sujeito na união reencontrada entre um e outro. Ora, se o mesmo movimento se revela na letra C, é, desta vez, numa estrutura invertida – em que a divisão segue-se à união. Após a íntima fusão entre o ser e o mundo, no êxtase do dia que nasce e ocupa a janela aberta (a alma, então, "sente-se anjo feito de luz", tal como o Espírito há pouco assegurava a seu Corpo: "Sou tua emanação e teu anjo"), o jorro das lágrimas, à lembrança de antigas tristezas, expressa a fratura subitamente aberta entre o si e o si: "Minha juventude viu esta mesma manhã, e vejo-me ao lado de minha juventude... Dividido, como orar?". Em última instância, adivinha-se, é certamente a questão da identidade que é feita e refeita, aqui e ali, ao longo de toda a obra.

Essa distância que internamente separa o sujeito pode, então, tomar a forma de uma espécie de êxtase, de uma saída *por sobre* si mesmo, a partir de uma perspectiva vertical e exterior que, não sem razão, é designada como "sacada do tempo". Vimos, anteriormente, que a letra J compunha dois momentos de estrangeiridade frente ao mundo: o primeiro passo, na sacada; e, depois, diante de si – e esse era o outro passo. Segundo um protocolo similar, o primeiro distanciamento experimentado diante do mundo, na letra E, é reduplicado por uma divisão de si – a do olhar, inicialmente e, depois, a do próprio Espírito: "[...] me sinto e me vejo. [...] Meu espírito pensa em meu espírito [...]". Mas, entre o fora do mundo e o dentro do ser, a separação vem, ao mesmo tempo, compor uma espécie de equivalência que permite que esse poema seja lido também na perspectiva aberta pelas reflexões que Valéry não deixa de fazer sobre o Eu puro e que o levaram, no fim da vida, ao imaginário de um Eu que, precisamente, liberado de seu Corpo e do Mundo, se destruíra, mas transfigurado numa espécie de assunção. Ora, esse devaneio que dará, mais tarde, todo o seu sentido à segunda parte de *Meu Fausto*, "O Solitário", encontra aqui uma espécie de antecipação, uma vez que em presença de um Corpo e de um Mundo não destruídos, mas apenas purificados, é essa elevação soberana que já se revela na letra E: "Num estado de possessão tão concentrado, mais geral que a vida que a suporta, minha alma edificada por sobre os seres e as ideias pelas virtudes do corpo repousado, sente-se igual em existência a todo esse mundo visível e possível [...]".

Diante da presença feminina, enfim, que, no essencial, domina a segunda parte do *Alfabeto*, se o *Eu* experimenta, uma vez ou outra, a angústia da distância e a expectativa da fusão, é porque elas definem aqui toda uma dialética amorosa. Na letra M, Valéry anotou num de seus planos: "Entrada do Outro". Seria errado, entretanto, interpretar essa menção como o signo de uma alteridade radical ou de uma diferença irredutível, pois esse Outro é o outro ele próprio. Valéry via em Catherine Pozzi sua Igual e a consumação amorosa se deixa aqui sonhar sob a forma, não da troca simplesmente, mas da união totalmente consumada de dois seres num único. Quer o Outro seja possivelmente o Mesmo, quer tenda a se tornar o Mesmo, uma nota do dossiê dá, anedoticamente, o que pensar. Nessa nota, Valéry – estranhamente, aliás, numa coletânea tão afastada de qualquer tipo de realismo – imagina fazer, nalgum momento, seu próprio retrato, mas para dar à mulher esses traços que, precisamente, são os seus próprios traços. Mais profundamente, entretanto, são os próprios poemas que, pelos numerosos signos de uma proximidade gêmea, parecem identificar a relação entre o *Eu* e o Outro exatamente com a relação que esse *Eu* entretém consigo mesmo nas letras precedentes: "Pois duas almas divididas se moviam separadamente em direção à sua semelhança: pois cada uma se atormentava por causa do afastamento interior de sua outra mesma [...]".

O diálogo que se estabelece entre os dois simplesmente renova e exterioriza o diálogo interior, mas também o reencontra – "a voz de um fala no outro" – e o olhar, tão narcísico, como vimos, é a mediação pela qual o um e o outro se adivinham na reciprocidade em que se apaga a angústia: "Basta então aos vivos, que tinham se acreditado eternamente separados, um encontro dos olhos, para que se descubram imediatamente um na alma do outro". A consumação sonhada não poderia, então, ser outra coisa senão a passagem de um existência dupla à intimidade fechada de uma única – exatamente a que se deixa adivinhar pela frase que fecha a letra R, num movimento de suave estreitamento, em que a distância se anula – e é esse o desejo desse ser único, em que o Mesmo e o Outro, enfim, se encontrariam confundidos numa unidade fechada e protegida, como que para extinguir a angústia que o poema deixava penetrar, e o terror mesmo que ele expressava: "É por isso que é preciso dar os braços um ao outro, e as pálpebras fortemente cerradas, estreitar *uma* coisa viva, e refugiar-se em *uma* existência" [ênfase minha].

À separação das almas na proximidade dos corpos segue-se, assim, sua reaproximação, que anuncia a completa fusão dos seres, corpos e almas (*corpos e corações*, diz uma nota) – e essa modulação dos estados amorosos, cuja trama discretamente narrativa se revela na acrimônia velada da conversa, no passeio comum e dolorosamente dividido, na expectativa do beijo e na lenta escalada do desejo, compõe-se paralelamente à modulação dos estados singulares experimentados pelo próprio *Eu*, frente a si. No mesmo plano (Anexo III.1), entretanto, em que Valéry registrara, na letra M, "Entrada do Outro", a letra N menciona: "Diferença e diferendo". E uma nota esclarece, em 1928: "Amor. Impossibilidade de trocas do Todo com o Todo", enquanto na letra V, escrita anteriormente, consumava-se plenamente a fusão amorosa. O que essa tensão deixa adivinhar é, certamente, a indecisão de Valéry quanto ao sentido a dar a esse fim da coletânea, a partir do momento em que a sorte de sua experiência pessoal tornava-se a própria sorte do livro que ele *desorientava*. Incerteza que se reencontrará bem mais tarde no momento de *Meu Fausto*, quando ele hesitará entre dois fins possíveis que teriam conduzido Fausto a repelir o amor ou, contrariamente, a aceitá-lo, na fusão, aqui ainda, do Mesmo e do Outro, sublimados num Eu reconstituído. E, quando em 1935, Valéry esboça seu último plano, se é verdade que menciona o *amor*, relativamente aos poemas do pós-meio-dia, é com um ponto de interrogação que o faz.

Falei do íntimo. Se fosse preciso designar a diferença essencial que, na obra de Valéry, separa os poemas em prosa dos poemas em verso, eu diria que ela consiste, precisamente, em que a prosa acolhe, com frequência, aquilo que o afeta no mais profundo de seu ser, que é o que a poesia em verso jamais revela, escondendo-o, muito pelo contrário, por detrás da ofuscante proteção da forma. Os poemas em prosa dos *Cadernos*, com os quais os do *Alfabeto*, frequentemente, entram em estreita ressonância, nos fornecem, aqui e ali, a prova disso, quando alguns acontecimentos importantes são aí registrados: não os que compassam a existência, mas, muito pelo contrário, os que a transtornam. Compreende-se mais facilmente, então, que, se Valéry entende fazer do poema em verso uma realidade segunda, inteiramente autônoma e separada, que intima o mundo, por um momento, a deixar-se substituir por um outro universo, o poema em prosa, ao contrário, obstina-se em fornecer, do real percebido, uma espécie de equivalente, como se ele devesse escrever o sensível no mais próximo possível daquilo que ele é. Ora, Valéry nunca deixou de perceber a dificuldade dessa transposição, em que se revela, sobretudo, toda a insuficiência de uma linguagem que não oferece, para essas sensações, as palavras adequadas. E se, à diferença do que ocorreu com os versos, o escritor nunca definiu a *poética* desse modo de escrita, tudo leva a crer, entretanto, que, no poema em prosa, ele buscava, sobretudo, a passagem mais pura do real ao texto.

É o que dá a entender, num *Caderno* de 1927, na época mesma em que ele escreve o essencial do *Alfabeto*, um fragmento concernente à aurora: "Como sinto nesta hora a *profundeza da aparência* (não sei exprimi-lo) e é isso que é *poesia*. Que espanto mudo que tudo exista e que eu exista! O que se vê adquire então valor simbólico do total das coisas" (C.XII.190). O que se descobre aqui não é simplesmente a insuficiência própria da linguagem que acabo de evocar – não *sei exprimi-lo* – nem o *espanto* que, como tentei mostrar, atravessa igualmente o *Alfabeto*: é também o *total das coisas* que autentica uma vez mais todo o fechamento de um Corpo, de um Espírito e de um Mundo, e nos deixa adivinhar que a unidade formal do texto deve-se ao desejo de restituir-lhe a unidade de um momento fechado – "diamante do Tempo", diz uma versão da Letra E (O.I.351) – em que o que se busca registrar é um estado completo do sujeito.

Os poemas do *Alfabeto* são, certamente, irredutíveis a um modelo único e, alguns deles, sinal talvez de falta de acabamento, resultam sobretudo de uma prosa poética cujo *legato* permanece frouxo e cujo fio, discretamente narrativo, da letra M à letra V, seja talvez um obstáculo a uma forma perfeitamente fechada. O que define, entretanto, a quase totalidade deles, e funda, ao mesmo tempo, sua profunda coerência, desde uma exposição até uma espécie de resolução final (ou de suspensão interrogativa), é a espontaneidade exigida pelo instante, conservada, e como que prolongada, pelas revisões sucessivas dos diferentes estados do texto. Por meio de uma cadência mais ampla, o poema em prosa se liberta daquilo que o verso poderia apresentar de hieraticamente dominado e, às vezes, até mesmo de estreitamente cerceado. É o mesmo lirismo, entretanto, que frequentemente se revela numa e noutra forma, e a mais apressada leitura dos poemas do *Alfabeto* mostra certamente que eles devem tudo à voz que, para Valéry, diz sempre o ser de cada um: seu traçado esposa toda a sua vibração emotiva, e não se deixa de perceber aqui que é ela que governa o texto. Ela certamente o suscita, pela renúncia sempre singular de um *Eu*, mas também o estrutura na dinâmica do diálogo ou do endereçamento ao mundo – "Faz o que quiseres, belo Instante!", "X, nome do segredo, vejo-te inscrito nos céus" –, na recomposição, enfim, mais serena, do monólogo.

O *tempo* nunca é, pois, idêntico, e da elevação lírica da letra B, por exemplo, ao abrandamento da angústia contida na letra O, ou da ternura nascente na letra V, sua variação, de poema em poema, busca expressar as disposições do sujeito que modulam o fraseado, as inflexões, os ritmos e as pausas, as exclamações enfim, e as apóstrofes. Valéry, com efeito, tentou uma composição musical – e diferente daquilo que a regularidade do verso autorizava. Que se releia justamente o admirável poema da letra O: "Ora, houve por algum tempo no jardim, e pela duração infinita da vida de uma dor, houve como que um abismo movendo-se, passeando, errando e detendo-se na figura ordenada e odorante deste jardim. Sobre a terra cinza e rosa, sobre as sombras e as luzes, por entre os tufos, entre as árvores e os arbustos das aleias, um abismo se deslocava como a sombra de uma nuvem. Um espírito tinha-o avistado, os olhos não o enxergavam. Havia como que um abismo entre dois pensamentos que eram quase o mesmo; e dos dois lados do abismo uma mesma dor, ou quase a mesma". Aqui – mas se reencontra o mesmo esforço em muitas outras páginas – é a escansão de termos recorrentes, mas também, às vezes, de sonoridades gêmeas, que compõe a lenta e dolorosa variação de um mesmo tema.

O olhar certamente não é deixado de lado – vimos que ele atravessa o *Alfabeto* de lado a lado –, mas Valéry descarta, a cada momento, as facilidades da descrição que ele sempre considerou ser incompatível com a voz: a descrição, com efeito, totaliza, generaliza aquilo que qualquer um pode identicamente enxergar, enquanto a segunda, muito pelo contrário, singulariza. Ora, precisamente nada, aqui, busca dar a ver a totalidade do que poderia ser visto: "Do horizonte enfumaçado e dourado, o mar pouco a pouco se separa; e montanhas avermelhadas, céus calmos e desertos, da confusão das folhagens, dos muros, dos tetos e dos vapores, e desse mundo, enfim, que se reaquece e se resume com um olhar, golfo, campo, aurora, fogos encantadores, meus olhos com pesar se retiram e voltam a ser os escravos da mesa" (O.II.661). O que, aqui, impede o texto de se tornar pintura é precisamente a mobilidade de um olhar que compõe para si mesmo o que ele escolheu lacunarmente reter e expressar para si próprio – e que ele entrega como sendo seu. A voz forma, como universo singular, aquilo que afeta mais de perto o sujeito: encadeamento de sensações que o poema restitui, mas igualmente modula na suspensão, no êxtase, na aceleração da expectativa ou, contrariamente, na duração subitamente opaca. Mas é sempre a variação da sensibilidade exigida pelo instante que assegura o presente do poema e, de uma certa maneira, autentica-o, e não podemos nos surpreender com o fato de que uma situação idêntica – o espetáculo do mundo pela janela aberta, por exemplo – possa igualmente significar tanto a surpresa do afastamento quanto a eufórica absorção no espaço: inteiramente presente em cada um desses diversos momentos, Valéry multiplica suas figuras, que não se superpõem e revelam as tensões adversas de seu ser.

Cada poema compõe, pois, sua totalidade. Uma espécie de *drama*? Não afastemos aqui inteiramente a acepção teatral, se é verdade que alguns desses textos parecem montar uma possível cena, mas que, uma vez mais, deve tudo à ação daquele que fala. A letra J – " [...] dou um passo na sacada... Entro em cena em meu olhar" – introduz uma espécie de monólogo, outras páginas compõem-se em diálogo, outras ainda dramatizam, justamente, a relação do ser com o Mundo ou com o Outro. Mas se cabe falar de drama é quando se trata sobretudo de qualificar os poemas do *Alfabeto* em que Valéry evoca a atividade fechada do Espírito: na letra E (O.II.662), na letra G (2ª versão), na letra M (1ª versão). A evidência que se impõe é, pois, a de um teatro interior, o mesmo que outros textos também constroem: que se pense na prosa abstrata de *Nota e Digressão*, ou então na prosa, ao contrário, poética, de *Agatha*, pequeno conto inacabado em que, à saída de um sono cataléptico, uma mulher conta o que sonhou (O.II.1388 e ss.). É a poesia do pensamento que se exprime então, quando a própria modulação e o surgimento das ideias nos lembram aquilo que Valéry, em 1937, afirma muito claramente no "Descartes" de *Variedade*: "A vida da inteligência constitui um universo lírico incomparável, um drama completo" (O.I.796).

Quando, em 1932, ele publica, na *Revue de France*, quatro poemas do *Alfabeto*, mas sem conexão, desta vez, com a coletânea e que não compõem nenhuma sequência, ele os reúne sob o título de *Pequenos Poemas Abstratos* – que os *Cadernos* resumem pelas iniciais *P.P.A.* – e que define um dos modos de escrita dos poemas em prosa que eles acolhem: aqueles em que Valéry, com efeito, busca transpor a abstração do intelecto. Um tal título, entretanto, não deve nos enganar. Nos próprios *Cadernos* ele designa textos frequentemente muito diversos, e dos quatro poemas que ele reúne em 1932, as letras E (O.I.351), M, J e R, apenas as duas primeiras alegorizam a atividade do Espírito, já que a letra J ("Janelas se iluminam...") e, mais ainda a letra R ("Regressemos..."), pela presença sensível do mundo exterior, além da evocação da triste ternura amorosa, afastam-se bastante disso. Mas se o título não deve nos enganar, é igualmente verdade que esses poemas não têm de abstrato senão seu suposto tema: sua escrita, bem ao contrário – e nisso reside, em parte, seu desafio –, abre-se a uma forma plenamente poética, e que sabe restituir, de maneira frequentemente afetiva, um estado do Espírito, ou melhor ainda, um estado de consciência, frequentemente originado justamente de uma solicitação exterior, tal como, aqui, na letra J ou na letra R.

Esses textos nos mostram, pois que, se o poema em prosa busca frequentemente *escrever* a percepção mais sensível do mundo exterior, é certamente ainda uma percepção, mas, desta vez, toda interior, que se trata de transpor aqui. O dentro do Espírito e o fora do Mundo: outro signo de espanto caso se acredite nisso, nas *Histórias fraturadas*, a questão que fecha o "Diário de Emma": "Mas o quê de mais estranho também que haja um Fora e um Dentro?" (O.II.429). Dois universos compõem-se, assim, e alternam no *Alfabeto*, tal como em *A Jovem Parca* e em *Charmes*, que não deixam de construir igualmente a sua passagem ou troca, e essa proximidade com as grandes peças em verso – mas também com tantas das páginas dos *Cadernos* – é o que deve nos impedir de situar o *Alfabeto* à margem da obra. A coletânea não apenas reúne e desenvolve as suas questões e os seus temas importantes, mas ela nos obriga igualmente, de agora em diante, a considerar com mais tolerância os poemas em prosa de Valéry que, dos anos de juventude aos últimos dias, são escritos com uma constância e uma elevação que impedem que se vejam aí os refugos do verso, ou simplesmente o ensaio de uma forma segunda – quero dizer, que viria *depois*. É certamente possível que Valéry não o tenha teorizado. É possível que, na reserva, sobretudo do espaço privado dos *Cadernos* e, depois, na dispersão bastante frequente de publicações fragmentadas ou de conjuntos pouco planejados – sob o título de *Poesia bruta*, em *Mélange*, e de *Poesia perdida*, em *Tel Quel* –, ele não lhes tivesse reservado o lugar que rapidamente os impusera, a nossos olhos, como um modo importante de escrita: o que se compõe, entretanto, graças a eles, não se pode duvidar disso, é certamente a outra vertente poética da obra – sob muitos aspectos, adversa e, entretanto, gêmea.

## Agradecimento

Todo o meu reconhecimento dirige-se naturalmente à sra. Agathe Rouart-Valéry, extremamente apegada a esses poemas por tanto tempo por ela conservados, e que ela teve a gentileza de me permitir publicar – assim como ao sr. François Valéry e à sra. Judith Robinson-Valéry.

## Notas sobre o Estabelecimento do texto

Além do Caderno *ABC*, o dossiê da Biblioteca Nacional compreende todos os estados, frequentemente numerosos, mas às vezes próximos, das diferentes versões de cada letra, e o estudo do dossiê mostra perfeitamente que se a coletânea não está, propriamente falando, acabada, dispõe-se, para cada letra, de poemas completos. Eles foram, entretanto, desigualmente revistos, e devo distinguir quatro situações diferentes:

– Quando os poemas foram publicados, foi naturalmente esse estado do texto que foi aproveitado, uma vez que Valéry não o retocou.

– Quando se dispõe da cópia datilográfica estabelecida em 1935 por Lucienne Julien-Cain, ela pode ser considerada como o último estado que se deve manter: Valéry, aliás, corrigiu-o, às vezes, ligeiramente. Se por acaso a datilografia não foi concluída (é o caso da Letra M: "Minha senhora"), tomei a liberdade de completá-la, recorrendo ao estado imediatamente anterior do texto.

– A situação é mais complicada quando não existe cópia datilográfica feita por Julien-Cain. Na maioria dos casos, o último estado do texto é bastante fácil de identificar. Ocorre, entretanto, que várias cópias apresentam apenas minúsculas diferenças, pelo fato de Valéry não ter feito mais do que pequenas e diferentes correções em várias cópias datilográficas idênticas, que ele próprio tinha estabelecido. Nesse caso, retenho a mais acabada delas, sem dar as variantes de detalhe que tornariam a leitura do texto pesada, sem efetivamente enriquecê-lo.

– Restam os muito raros poemas que Valéry corrigiu sem passar a cópia a limpo, ou para os quais não dispomos senão de uma única cópia datilográfica que, tudo leva a crer, trata-se do único estado do texto. Como essas páginas não foram relidas, corrigi as minúsculas incoerências que teriam sido eliminadas numa reprodução perfeita.

Respeitei, naturalmente, a pontuação de Valéry, salvo nos casos em que a omissão de uma vírgula, por exemplo, arriscava entravar a leitura, e uniformizei os pontos de reticência que ele limita, em geral, a dois. Quando o texto, por exceção, traz, na entrelinha, uma palavra que supostamente deveria substituir uma outra, mas sem que essa última tenha sido riscada, eu a coloquei entre duas barras oblíquas: // [apenas na versão francesa, na tradução retive apenas uma delas. N. T.]. Quando Valéry acrescenta, às vezes entre as linhas, às vezes à margem, algumas palavras ou uma frase que não constitui uma variante e que não se pode integrar sintaticamente, assinalo isso em nota. Para não entravar a leitura, omiti, deliberadamente, raros acréscimos enigmáticos ou inacabados.

Restava determinar a ordem de publicação das diferentes versões de uma mesma letra. Como os planos de Valéry em nada auxiliam, a esse respeito, e o conjunto dos poemas não compõe nenhuma continuidade que imponha uma ordem única, a decisão mais legítima me pareceu ser a de fazer figurar, inicialmente, a versão do Caderno *ABC*, e classificar as outras versões segundo a cronologia suposta de sua redação, cujo detalhe se encontrará no Anexo I.2 ("Datação"). Só deixei de seguir essa regra para a letra M ("Minha senhora...") que deveria necessariamente figurar exatamente antes da letra N ("Não, diz ela..."), e da qual é a sequência evidente.

Por não ter obtido das Edições Gallimard a autorização para reproduzi-los, não retomei aqui quatro poemas que pertencem ao *Alfabeto*, mas que Valéry retirou do dossiê para publicá-los em coletâneas variadas:

– "Do horizonte enfumaçado e dourado...". Esta versão da letra D, que Valéry publicou, em 1927, sob o título de "*Reprise* I", no fim da seção "Poesia perdida" de *Autres Rhumbs*, integrados ao segundo volume de *Tel Quel*, em 1943 (O.II.661 e ss.), segue de muito perto o Caderno *ABC*.

– "Existe esperança mais pura...". Esta versão da letra E foi publicada sob o título "Antes de qualquer coisa", na *Revue de France*, de 1º de janeiro de 1932, em que ela serve de introdução para uma série de quatro *Pequenos Poemas Abstratos*, depois retomada em *Mélange*, em 1939, em que ela constitui a primeira parte de "Meditação antes de pensamento", na seção "Poesia bruta" (O.I.351). Ver o comentário feito por Valéry no Anexo IV.

– "Espírito, Expectativa pura, Suspensão eterna...". Este poema, do qual um estado anterior pertence ao Caderno *ABC*, foi publicado em 1927, sob o título de "*Reprise* II", no fim da seção "Poesia perdida" de *Autres Rhumbs*, integrados ao segundo volume de *Tel Quel*, em 1943. Um fragmento de um *Caderno* de 1923 é muito próximo deste início: "Meu espírito é uma espada nua nas trevas. / Ele perfura o amigo e o inimigo. / Ela me mata como os outros. O que fui, o que posso ser / são vítimas dessa ponta do conhecimento sem consideração. / Minha verdade não conhece ninguém. Nada é visível. A espada arremete e vasculha. Cego é o clarão" (C.IX.219).

– "Laura desde a aurora está comigo...". Este poema foi escrito para um "Alfabeto galante e sentimental", *De Ariadne a Zoé*, composto por 26 escritores e artistas, e publicado pela *Librairie de France*, em 1930. Ele foi retomado numa série de *Três retratos* (Colette e Morand assinavam os dois outros) que apareceram na *N.F.F.* de 1º de janeiro de 1931 e, depois, em *Maus pensamentos e outros*, em 1942 (O.II.857). O dossiê compreende apenas uma cópia datilográfica do texto, que leva o título "Laura" e, no final da página, a assinatura "Paul Valéry". Mas, no alto, à direita, a letra L, traçada a lápis vermelho, indica claramente que o escritor pensava integrá-la ao *Alfabeto*, embora a referência à aurora desvie-se da cronologia. Esse devaneio inteiramente interior, orientado pela mulher ausente, ao qual se abandona o sujeito, inclinado sobre uma "folha pura", encontra uma espécie de correspondente na atração sensual que a mulher presente, neste caso, exerce – ele o sabe com "uma certeza de sonho" – por detrás do homem que lê (letra T). O mesmo nome próprio regressa num breve poema em verso de *Mélange*, "A Distraída", que estaria distanciado daquele se a ternura e o olhar não os aproximassem: "Laura, tão belo olhar que não olha" (O.I.323).

## Agradecimento

Agradeço calorosamente à sra. Florence de Lussy, responsável pelos manuscritos da Biblioteca Nacional, a qual novamente me concedeu, nessa ocasião, muito amigável e generosamente, sua colaboração.

# Anexos

A publicação integral das diversas peças que fazem parte do dossiê da Biblioteca Nacional teria sobrecarregado este volume, sem maiores vantagens. Após a "História do texto", contentei-me, pois, em reproduzir, sob o título *Eros*, três páginas diretamente ligadas às letras do pós-meio-dia, além dos três planos mais completos, esboçados por Valéry, e as notas mais esclarecedoras.

## I. História do texto

I.1. É difícil recompor perfeitamente a cronologia do *Alfabeto*, e os documentos reproduzidos adiante não resolvem certas incertezas: na carta de 1929, Valéry remonta o projeto a 1926; depois, na entrevista de 1932, ele faz recuá-lo a 1922 ou 1924 ("há oito ou dez anos"), enquanto, por outro lado, o editor René Hilsum afirma ter comprado as letras capitulares de Louis Jou em 1927 ou 1928.

1925 é o primeiro marco certo. Foi nessa data que a editora *Sans Pareil* anunciou a criação da "Grande Coleção" em que deveriam ser publicados textos de Colette, de Carco, de Cocteau, e de Valéry, ilustrados, respectivamente, por Laboureur, Dignimont, Jean Hugo e Louis Jou.[1] Foi ainda nessa data que foram publicados, no número de outono da revista *Commerce*, três poemas apresentados como "Três letras extraídas de um Alfabeto a ser publicado na editora *Sans Pareil*". Uma folha de uma das versões da letra E, por outro lado, também leva a data de 1925 – manuscrita em números romanos –, e os *Cadernos*, em maio e em julho, guardam traços do *Alfabeto*.

Nada permite, entretanto, fixar 1925 como a data da encomenda da coletânea, nem da sua execução. Nesses anos em que Valéry, extremamente solicitado, tem muito pouca liberdade, o trabalho exigido por numerosas revisões de certas letras (A e E, por exemplo), bem como o fato de que os primeiros estados da maior parte das outras sejam aproximadamente da mesma época, levam a crer que vários meses, ao menos, foram necessários para a elaboração desse conjunto inicial, do qual Valéry destaca as três letras A, B, C para a revista *Commerce*. Há um indício que reforça essa hipótese: um dos manuscritos da letra C traz no verso algumas frases de esboço do pequeno texto sobre o suicídio que aparece no nº 2 da *Revue surréaliste*, de 15 de janeiro de 1925. Pode-se, pois, considerar 1924 como o ano em que o *Alfabeto* teve início e em que o Caderno *ABC* foi concluído. O trabalho continuou no ano seguinte e, pela datação dos manuscritos estabelecida por Florence Lussy, pode-se concluir que o essencial foi escrito entre 1924 e 1925. Se Valéry retira, depois, dois poemas da coletânea (a primeira versão da letra D – "Do horizonte enfumaçado..." – e da letra E – "Espírito, expectativa pura..."), que ele publica na coletânea *Autres Rhumbs*, em 1927, disso não se pode inferir que ele já tenha, nessa data, renunciado ao projeto de publicação, uma vez que ele escreveu, nesse mesmo ano, uma segunda versão da letra D, e duas outras versões da letra E, que ele preferia, talvez, àquelas que tinha resolvido publicar.

Quando Valéry retoma a coletânea em 1931 (algumas notas dos *Cadernos* trazem essa data), é de maneira bastante breve, ainda que remaneje algumas letras e escreva duas outras para a coletânea: um dos planos menciona a coletânea, e é nesse momento que Valéry solicita a Lucienne Julien-Cain que datilografe os últimos estados desses poemas, que ele relê e às vezes corrige ligeiramente, bem como diversas notas das quais algumas provêm dos *Cadernos*. A carta (inédita) que ele lhe envia em 25 de agosto evoca, aliás, o *Alfabeto*: "Imagine você que bruscamente comecei a construção de uma espécie de cenário. Trabalhei com uma espécie de liberdade divertida durante XLVIII horas... Coisa estranha para mim! Mas já pressinto meu zelo inicial se debilitar".

Uma certa lassidão revela-se em 1936, uma vez que Valéry anota em 19 de junho: "Penso imprimir os estudos para o Alfabeto tais como estão. [...] Serão 80 exemplares. Vejo nisso também um alívio e um meio de trabalhar nas provas" (C.XIX.48). É em 1937 e 1938 que ele retoma pela última vez a coletânea: uma cópia datilográfica de Lucienne Julien-Cain leva a data de dezembro de 1937, e é no verso de uma carta recebida em 1938 que o próprio Valéry datilografa uma nota bastante longa.[2] Ele escreve, então, as segundas versões da letra G, da letra M, da letra O, e da letra T – e retoca alguns outros textos. E a retomada da coletânea nessa época é confirmada também por uma nota dos *Cadernos*: "30.5.37./Leitura do Alfabeto, de Narciso, etc., diante de 35 pessoas [...]" (C.XX.62). Após o projeto (abortado) de publicação de 1939, os *Cadernos* mostram que ele continua, de quando em quando, a pensar na coletânea: uma nota de abril de 1945 menciona uma última vez as "letras Eros" do *Alfabeto* (C.XXIX.705).

### I.2.Datação

N. B.: Simplifico um pouco, aqui, a datação, mais precisa, realizada por Florence de Lussy. A abreviatura *Dat. J.-C.* significa que existe uma cópia datilográfica feita por Lucienne Julien-Cain em 1935.

***A****u commencement sera le Sommeil...*: 1924 + 1925. Dat. J.-C.

***B****ouleversant les ombres et la couche...*: 1924 + 1925. Dat. J.-C.

***C****omme le temps est calme...*: 1924 + 1925. Dat. J.-C.

***D****e l'horizon fumé et doré...*: 1924 + 1927 (para publicação em *Autres Rhumbs)*.

***D****ans le pur et brillant sarcophage...*: 1925 + 1930 (para publicação na *La Revue du médecin)*. Dat. J.-C.

***E****sprit, Attente pure...*: 1924 + 1927 (para publicação em *Autres Rhumbs)*.

***E****st-il espoir plus pur...*: 1925 + 1931 (para publicação na *Revue de France)*. Dat. J.-C.

*En présence de la lumière, et toutefois hors d'elle...*: 1925.

*Fais ce que tu voudras, bel Instant...*: 1924.

*Gracieux, gai, noble jour...*: 1924. Dat. J.-C.

*Grâce, Daimôn... Hallali...*: 1937.

*Hélas! au plus haut lieu de sa puissance...*: 1924 + 1925. Dat. J.-C.

*Il s'élève une odeur de fruits...*: 1924 + 1925. Dat. J.-C. + revisão de Valéry sob o título "Le Repas de midi". Nova revisão, em 1937, para publicação sob o título "Midi".

*Je m'interroge au milieu de ma fumée...*: 1924 + 1925.

*Je fais un pas sur la terrasse...*: 1931 (para publicação na *Revue de France)*.

*La paresse agrandit les minuscules choses...*: 1924 + 1925. Dat. J.-C.

*LAURE dès l'aube est avec moi...*: 1930 (para publicação no alfabeto galante *D'Ariane à Zoé)*.

*Mille fois, j'ai déjà ressenti l'Unique...*: 1931 (para publicação na *Revue de France)*.

*Me voici, tel que je suis...*: 1938.

*Madame, mon amie...*: 1924 + 1925. Dat. J.-C.

*Non, vous ne saurez rien...*: 1924. Dat. J.-C.

*Or il y eut pendant quelque temps...*: 1924 + provavelmente 1928 + 1931. Dat. J.-C.

*On se tait...*: 1938.

*Peut-être que les réflexions très amères...*: 1924 + 1928 + 1931. Dat. J.-C.

*Quelle tendre lumière...*: 1924 + provavelmente 1928 + 1931 + 1935.

*Revenons...*: 1924 + 1925. Revisada em 1931 (para publicação na *Revue de France)*. Dat. J.-C.

*Servez-vous...*: 1924 + 1931. Dat. J.-C. Revisada em 1938 (para publicação na revista *Suisse romande)*.

*...Tout à coup...*: 1924 + provavelmente 1928 + 1931. Dat. J.-C. + 1938?

*Tu es belle comme une pierre...*: 1938.

*Une propriété essentielle d'une pensée...*: 1924 + 1931 + 1935. Dat. J.-C.

*Venez...*: 1924 + 1931 + 1938.

*X nom du secret:* 1924 + 1931.

*Y a-t-il en moi...*: provavelmente 1925.

*Zénith...*: outubro de 1930, nos *Cahiers*.

### I.3. Uma carta do sr. Paul Valéry[3]

Aguarda-se, há três anos, a publicação do *Alfabeto*, essa sequência de poemas em prosa em que o genial criador de *Senhor Teste* pretende encerrar o ciclo das horas e cuja tipografia magistral deve ser produzida pelas Edições *Au Sans Pareil*, com a colaboração de Louis Jou.

Os assinantes desse volume da "Grande Coleção" têm, por diversas vezes, mostrado um impaciente desejo de conhecer a obra que lhes foi prometida, mas que o autor refaz continuamente.[4]

Temos o prazer de poder imprimir aqui, com a autorização do sr. Paul Valéry, a carta que ele dirigiu ao editor do futuro *Alfabeto* e que dará aos admiradores do grande escritor a explicação de sua espera e as razões de nossas esperanças.

*Sábado.*

*Prezado sr. Hilsum,*

*O senhor certamente sabe que o Alfabeto continua me preocupando. Tomei-o e retomei-o a cada oportunidade que tive de melhorá-lo. [Atinjo, parece-me, o momento em que poderei enfrentá-lo de uma vez por todas e chegar à decisão final.]*[5]

*Mas tive, a meu desfavor, a ideia de tratá-lo como poema, isto é, como coisa infinita, e sobretudo a acumulação dos aborrecimentos, dos encargos, da atividade dos importunos.*

*Não se sabe o que tenho para pôr em ordem, para colocar no correio, para fazer e para suportar. Mas, enfim, recuso qualquer compromisso.*

*O médico me ordena imperiosamente o repouso.*

*Se consegui-lo, o Alfabeto será o primeiro fruto.*

*Eis aí o que é preciso dizer, de minha parte, aos queixosos. Dizei-lhes também que refaço a letra E quinze vezes de quinze maneiras e ainda não estou contente com o resultado.*

*Paciência, paciência.*

*Inteiramente vosso.*

*Paul Valéry*

I.4. Em 1º de março de 1932, no nº 12 de *Centaure*, suplemento literário do nº 4 da *Gazette médicale de France*, André Marcou publica uma entrevista com Valéry, a quem pergunta sobre a revista de sua juventude, o antigo *Centaure*, antes de evocar e de comentar "Antes de qualquer coisa" (O.I.351), um dos quatro poemas que acabavam de ser publicados na *Revue de France* de 1° de janeiro. Valéry responde-lhe:

"Esses 'Pequenos poemas abstratos' são estudos feitos há... oito ou dez anos para um certo 'Alfabeto' que um editor havia me encomendado. Havia vinte e quatro letras ornamentais, gravadas por Jou; e tratava-se de escrever um igual número de textos em prosa, submetidos à condição de começar cada um deles por uma das letras. Tive a ideia de fazer corresponder esses vinte e quatro fragmentos à duração das vinte e quatro horas de um dia. (O "K", felizmente, estava faltando). O poema que você estuda devia ser colocado no começo da manhã de trabalho, e evocar um salmo.[6] Você percebeu, corretamente, que eu tentava sugerir a impressão do *Possível do Espírito*, – da suspensão, bastante religiosa, em suma, – que se coloca entre o nada e o criado. Não há nada ainda, e haverá 'alguma coisa'...

Abandonei o fragmento, por falta de tempo. A vida intelectual sempre me pareceu poder servir de tema para um certa poesia, destinada àqueles que têm uma sensibilidade pelas paixões e emoções da inteligência, – e a eles apenas. Mas confesso que a tarefa assim definida não é uma tarefa fácil. A linguagem é rebelde, – e quase não há 'precedentes'..."[7]

I.5. No número especial da revista *Magazine littéraire*, de outubro de 1982, dedicado a Paul Valéry, René Hilsum, questionado sobre o *Alfabeto*, afirma ter adquirido em 1927-1928, o alfabeto de letras capitulares que tinha sido gravado por Louis Jou:

"Comprei-o sem saber o que faria com ele. Eu tinha uma livraria na avenida Kléber, nº 37. Valéry, que morava na rua Villejust (hoje, rua Valéry), vinha uma ou duas vezes por mês folhear e, às vezes, comprar livros. Tive a ideia de mostrar-lhe as gravuras de Louis Jou. Lembro-me que ele disse: 'É divertido! Como é divertido!' Ele compreendeu que eu desejava sua colaboração e me disse: 'Tenho uma ideia: as vinte e quatro horas do dia!' Para ele o alfabeto tinha só vinte e quatro letras! Ele propôs-se escrever vinte e quatro poemas em prosa. Quando de suas visitas à livraria, ele me repetia frequentemente que isso o divertia e que ele trabalhava nisso. Lembro-me de que um dia ele me disse: 'Estou na letra F.' O tempo passou. Eu havia anunciado a coisa na publicação que eu tinha então, o *Bibliographe de la France*.[8] Eu tinha várias centenas de assinaturas. Um belo dia, em 1931, após ter recebido várias reclamações e quando eu não sabia mais onde meter a cabeça, me chega uma carta de Valéry enviada do sul da França, onde se encontrava, em que me dizia: 'Meu prezado Amigo, lamento muito, mas tropeço no Q, prefiro desistir.' Assim, ele não me deu o texto para publicar, e eu não sabia que ele tinha terminado".

## II. Eros

II.1. Para além da simples nota, o manuscrito adiante transcrito já é um esboço de poema, mas não corresponde a nenhuma letra da coletânea.

*Alfabeto*

| | |
|---|---|
| Dor<br>erro<br><br><br><br><br><br>S. T. U. V.<br>X. Y. Z. | Deixa que eu disponha de teu corpo. Fecha os olhos. Esquece tudo o que não existe. (Esse é o ponto capital). Deixa, pois, que minhas mãos disponham de teu corpo, o *sigam*, o *preparem* nas suas profundezas pelo contentamento e pelo apelo de sua superfície. Como se eu o formasse e o deduzisse aqui e ali de suas formas. Assim te faço conhecer tuas próprias partes e suas dependências. |
| Tomo e<br>retomo<br>quase<br>indefini-<br>damente os<br>caminhos.<br>não faço<br>mais do que<br>aproximar os<br>pontos mais<br>sensíveis. | Eu te acarinho, te envolvo, te pressiono<br>aplico-te uma *vida* aqui e ali<br>uma doçura te percorre<br>uma força te cobre como uma<br>sombra<br>uma carícia que (contém) a sombra<br>de uma força e às vezes a pronuncia, e às vezes se atenua e te foge ao longo de ti tão *roçada* que tua carne se eriça e se ergue em direção à palma carregada de vida, etc. Faço-te nascer uma expectativa de prodígios. |

> Eu te formarei. Eu te fecharei toda como numa imensa mão. Tu és tomada naquilo que queres e que eu faço querer – como tu me fazes querer esse querer.
>
> Agora, tu estás *feita*. E eu te conheço, te vejo como em transparência. Quantos recursos percebes ter e que ignoravas.
>
> Eu te transformo. A Inteligência passa por ti.

II.2. Datilografada por Valéry, esta página é visivelmente um esboço daquilo que teria completado, talvez, o poema da letra V.

**Alfabeto**

A forma. A carne, Estrangeira dessa matéria: plena e frágil, dura e tenra, fresca e tépida.

Há uma afinidade disso com a mão, suas forças, que permitem ao mesmo tempo a obediência à forma e o ato cognitivo da vontade. Órgão do real.

Esta perna, este volteio do corpo é, pois, TU? É mesmo Tu? Tu és.

Que os olhos se fechem. A mão envolve, e por seu amplo movimento acredita conter, resumir todo esse torso cuja suavidade continua, a resistência e complacência compostas sob a palma e as polpas do dedo errantes lhe dão a impressão de formar, de criar, mas de criar e formar alguma coisa que quer ser formada segundo o que ela é...

A sensação de possuir essa coisa elevada, mas igual a uma outra que é a sensação de ser, ao mesmo tempo, possuída por ela. E nasce uma turvação total e forte, que invade a carne, a alma e o espírito, suspende o sopro, precipita os tempos, leva os atos ao extremo.

Todos os sentidos que se exercem à distância são esquecidos, pois não há mais, por alguns instantes, senão desvario da suprema proximidade.[9]

II.3. Embora o texto – inédito – que se lerá a seguir pertença a um outro projeto de Valéry, o de um abecedário filosófico, ele figura no dossiê do *Alfabeto*, sob a abreviação "Alph. Er.". Se vale a pena reproduzi-lo aqui é porque ele combina com várias páginas da coletânea.

Amor, mesmo quanto tua presença, teus segredos, tuas virtudes, tuas venenosas vozes estão na profundeza de nós e são como as potências e as desordens de nossa própria alma. *Amor* que dispões de nosso sangue, de nosso espírito, de nossa sorte, de nossos membros, de nossas horas, de nossa honra, de nossos sonhos, de nossa fome e de nossa sede, que mudas todas as cores de nossos dias, alteras nosso passado, apagas nossos deveres, inflamas nossos atos, transformas nossas obras, reinas sobre nossos rostos, nos separas de nossos próximos, faz com que fujam nossos amigos, Amor, tão semelhante és à nossa existência, tão indivisível és, feito de nosso sopro, e fogo novo de nosso coração, eu te digo, entretanto, que tu não deixas nunca de ser uma coisa estrangeira, pois nem mesmo meu corpo nem meu espírito são eu.

## III. Planos

III.1

A os limbos

B as forças exteriores

C o dia

D o banho

E a toalete. o Espelho. Escravo

F nitidez ↙

G Intuições

H a refeição 1. Nutrir-se

I

J Sonolência. calor. Meio-dia

L Árvore. Amor

M

N Ternura. o vazio

O os 2 mesmos. Sombra

P

Q No mar – o mar. a areia. a onda.

R Volta – outono

S Refeição 2

T Metafísica, o Eu puro.

U

V

X

Y O nada. O tempo

Z Hino à noite. Resumo do dia.

Dissolução

| | |
|---|---|
| A | Sono |
| B | Primeiro despertar |
| C | Abertura para uma vista exterior |
| D | Banho[10] |
| E | Despertar do espírito |
| F | Forças do espírito |
| G | Tristeza do espírito |
| H | ? |
| I | Almoço |
| J | Devaneio.    Digestão /vazio/ |
| L | Preguiça |
| M | Entrada do Outro |
| N | Diferença e diferendo |
| O | Duo mudo.    Hostilidade e paixão |
| P | ? |
| Q | Campo? |
| R | Volta. Terrores e tristezas do fim de tarde |
| S | Janta |
| T. | Eros |
| U. | |
| V. | |
| X. | Questões |
| Y. | |
| Z | Noite absoluta |

III.2

Maio 35

| | | |
|---|---|---|
| a | Sono | feito |
| b | Despertar | |
| c | o dia | |
| d | o banho | |
| e | | |
| f | | |
| g | raciocínio? | |
| h | atenção | |
| i | almoço (feito) | |
| j | Ler | |
| l | sensação | |
| m | | |
| n | | |
| o | | |
| p | | |
| q | | |
| r | amor?[11] | |
| s | | |
| t | | |
| u | | |
| v | | |
| x | | |
| y | | |
| z | mistério | |

## IV. Anotações de Valéry

### IV.1. Escrita

Alfabeto

O momento e o lugar do Corpo.
as horas – as estações – etc. –
Toda uma cosmocronia fundamental
singular. Precisões – disponibilidades
*Hábitos* (poemas dos...) [...]

★

Alfabeto

| | | |
|---|---|---|
| estruturas de frases | *Voz* | Há diversas vozes e uma para expor e a outra para animar – fazer imitar – etc. – e a cada uma seu tempo e sua forma.[12] |

★

Alfabeto. Fazer meu retrato. Olhos e pequena [palavra ilegível]
mas atribuir esse eu à mulher[13]

★

Alfabeto (de vida)
Retomar o conjunto[14]
Tentar reconstruir tendo em conta o CEM

P. ex. Parágrafos cada um em 3 grupos ou frases.
CEM. a combinar.    CEM. CME. MCE
                              MEC. ECM. EMC

As letras J K L serão o Tempo sob suas formas de parada e de movimento.

***

## IV.2. EROS

Poema da aproximação generalizada
1º de um corpo
2º de um umbral[15]

*

Alfabeto a expectativa no amor.
fazer o esquema e substituir[16]

*

Alph. (Er)
Alfabeto da Ternura
Como o tempo torna-se calmo e úmido. As coisas amolecem.
Fraqueza – onda – abandono.
Modulação do estado
Estado composto – entre desejo, pesar, esperança. Não há mais separação entre
Sentimento da vida    *corações*, *corpos*. E o coração
indefinido    e o corpo não sabem mais.
embriaguez ou inebriação

★

Ερωθς [Eros].
Impossibilidade de trocas inteiras
O Todo com o Todo não se troca
o Todo não se entrega.
o Todo se conserva – oculta-se um instante, reanima-se por esse resto insignificante em aparência.
Quando tu dás o corpo total, Kíria,[17] o pensamento retrospectivo é precisamente todo contrário.
Tu dás para compreender.
Ela abre seus braços e adquire o direito de ferir, de punir, de acorrentar.
Isso pela virtude da importância que o uso
atribui ao ato de se oferecer e ao de ser colhido(a).[18]

★

Alfabeto

S. T. U. V.

Aqui, amor deveria ser uma comparação, um combate de poderes – e uma combinação também.
cf.: reações vivas químicas. Confrontações de "vontades" e de "qualidades"
qualidades = sexos, sensibilidades, aparências, dons etc. [...].
Isso levado ao ponto em que as pessoas enlaçadas
não têm mais significação, nem <u>NOMES</u> (daí esses pequenos nomes de seres nus). Os discursos são indivisos. Balbucios comuns.
Sistema de sensações sem pessoas [...][19]

# Cronologia

**1871** Nascimento em Sète (então Cette), em 30 de outubro.

**1876-1884** Estudos primários com os dominicanos e, depois, no colégio de Sète.

**1884-1888** Estudos no liceu de Montpellier. Descoberta de Hugo, Gautier, Baudelaire, Verlaine. Valéry desenha, pinta, escreve.

**1889** Matrícula na Faculdade de direito de Montpellier. Lê Flaubert, Mallarmé, Goncourt, Huysmans e, sobretudo, Edgar Poe. Perto do fim do ano, Valéry avista, pela primeira vez, a sra. Rovira: a paixão que nutrirá daí em diante por ela, sem jamais ousar abordá-la, não será estranha à "Crise de Gênova", de 1892.

**1890** Conhece Pierre Louys em maio, André Gide em dezembro: nascimento de uma dupla amizade, atestada pelas cartas trocadas entre eles. O primeiro logo tentará, sem sucesso, convencer Valéry a reunir em um volume seus poemas publicados em diversas revistas; o segundo será, em 1912, bem sucedido.

**1891** Leitura de *Iluminações*, de Rimbaud, que Valéry não deixará de admirar. Primeira visita a Mallarmé, ao qual admiração e afeição profundas o ligarão para sempre.

**1892** Licenciado em Direito. Noite de Gênova (4-5 de outubro): acontecimento importante da vida do escritor que acreditou ter ficado louco e desejou ser fulminado pela tempestade, mas sentiu-se também ter se tornado outro. É ao sair dessa Crise, intelectual e afetiva, que ele decide afastar qualquer dominação do amor e qualquer influência de outrem para estabelecer a dominação de seu próprio espírito. Com pouquíssimas exceções, ele para de escrever versos.

**1893** Leituras científicas: ele as empreenderá durante a vida toda.

**1894** Valéry instala-se em Paris. Começo da longa série dos *Cadernos* – mais de 29.000 páginas – que ele não deixará de manter em todas as primeiras horas da manhã, até os seus últimos dias.

**1895** Aprovado no concurso de redator do Ministério da Guerra: ele não ocupará seu posto senão dois anos mais tarde. Publicação de *Introdução ao método de Leonardo da Vinci.*

**1896** Estada de três semanas em Londres onde traduz artigos de propaganda para a Chartered Company, de Cecil Rhodes, para a Compagnie de l'Afrique du Sud, que explora riquezas da futura Rodésia. Publicação de *Uma noite com o Sr. Teste.*

**1897** Mallarmé pede-lhe que leia as provas de "Um lance de dados" e lhe diz: "Não acha que é um ato de demência?".

**1898** Morte de Mallarmé: abalado, Valéry não pode pronunciar diante de seu túmulo as palavras que seus amigos esperavam.

**1900** Valéry casa-se com Jeannie Gobillar, sobrinha da pintora Berthe Morisot, ela própria cunhada de Édouard Manet, que foi extremamente ligado a Mallarmé. Ele deixa o Ministério da Guerra por uma situação mais desejável, uma vez que, secretário particular de Édouard Lebey, um dos administradores da Agência Havas, ele não aí trabalha mais do que umas poucas horas por dia.

**1908** Começa uma primeira classificação dos *Cadernos*, com vistas a uma eventual publicação.

**1912** Por solicitação de Gide e de Gaston Gallimard, Valéry começa a rever seus poemas antigos para reuni-los em livro. Desse retorno aos versos nascerá *A Jovem Parca*, pensado inicialmente como um último poema, e que abre, na verdade, um decênio de maturidade poética.

**1914** Primeira carta de André Breton (dezoito anos) que Valéry, durante vários anos, aconselhará e encorajará.

**1917** Publicação de *A Jovem Parca*.

**1919** Gallimard publica *Uma noite com o sr. Teste*, e a *Introdução ao método de Leonardo da Vinci*, seguida de *Nota e Digressão*: após a recente publicação de *A Jovem Parca*, esses livros asseguram rapidamente a notoriedade do escritor.

**1920** Em junho, a *N. R. F.* publica *O cemitério marinho*. *Álbum de versos antigos* vem à luz em dezembro. Valéry conhece Catherine Pozzi.

**1921** Publicação de *Eupalinos* e de *A Alma e a Dança*.

**1922** Morte de Édouard Lebey. Sem renda regular, Valéry deve imaginar tirar proveito monetário de sua atividade literária e extrair vantagem de uma glória de agora em diante estabelecida: ele aceitará, pois, e frequentemente a contragosto, prefácios, discursos e conferências na Europa inteira. Publicação de *Charmes*.

**1924** Publicação de *Variedade*.

**1925** Valéry torna-se membro da subcomissão de Letras e Artes que acaba de ser criada no contexto da Sociedade das Nações. Em novembro, é eleito para a Academia Francesa.

**1926** Último encontro com Rilke, que morrerá em dezembro. Publicação de *Rhumbs* e *Fragmentos de Narciso*.

**1927** No dia da recepção de Valéry na Academia, André Breton, em sinal de protesto íntimo, vende as cartas que havia recebido dele.

**1928** Ruptura com Catherine Pozzi.

**1929** Publicação de *Variedade II*.

**1931** Valéry torna-se membro do Comitê Permanente das Artes e Letras da Sociedade das Nações: ele o presidirá de 1936 a 1939. Publicação de *Peças sobre a arte*, *Moralidades*, e *Olhares sobre o mundo atual.*

**1932** Publicação de *A Ideia fixa.*

**1933** Valéry torna-se administrador do Centro Universitário Mediterrâneo de Nice.

**1936** Publicação de *Variedade III* e de *Degas, Dança, Desenho.*

**1937** Valéry torna-se titular de uma cadeira de Poética que o Collège de France criou especialmente para ele.

**1938** Publicação de *Variedade IV.*

**1939** Publicação de *Mélange.*

**1941** Diretor da Academia, Valéry pronuncia o elogio de Bergson, que acaba de morrer: discurso ao qual as circunstâncias conferem um eco particular. O Ministro da Instrução Pública dispensa-o das funções que ele ocupava desde 1933 no Centro Universitário Mediterrâneo de Nice. Publicação de *Tel Quel* e de *Estudos para "Meu Fausto"* que se tornará *Meu Fausto*, na edição de 1946.

**1942** Publicação de *Maus Pensamentos e outros.*

**1943** O estado de saúde de Valéry se degrada. Publicação de *Tel Quel II.*

**1944** Valéry lê *Meu Fausto* na casa da sra. Jean Voilier, à qual ele está intimamente ligado desde 1937. Publicação de *Propósitos que me concernem* e de *Variedade V.*

**1945** Valéry retoma suas funções no Centro Universitário Mediterrâneo de Nice. Morre em 20 de julho. O general de Gaulle decide prestar-lhe obséquias nacionais.

# Bibliografia sucinta

*Œuvres*. Paris: Gallimard, Pléiade, 2 vol., 1957 et 1960. Org.: J. Hytier.

*Cahiers*. Paris: C.N.R.S., 29 vol., 1957-1961.

*Cahiers*. Antologia da Pléiade. Paris: Gallimard, 2 vol., 1973-1974. Org.: J. Robinson-Valéry.

*Cahiers, 1894-1914*. Paris: Gallimard, 7 vol., publicados a partir de 1987. Org.: N. Celeyrette.

*Alphabet*. Paris: Librairie Auguste Blaizot, 1976.

*Alphabet*. Reggio Emilia: Diabasis, 1993. Introdução e tradução para o italiano por Maria Teresa Giaveri. [Retoma o texto da edição Blaizot].

*Poésie perdue. Les poèmes en prose des Cahiers*. Paris: Gallimard, col. "Poésie", 2000. Org.: Michel Jarrety.

**Estudos críticos**

BASTET, Ned. *Valéry à l'extrême*. Paris: L'Harmattan, 1999.

BOURJEA, Serge. *Paul Valéry. Le Sujet de l'écriture. Paris*: L'Harmattan, 1997.

CELEYRETTE-PIETRI, Nicole (org.). *"Au commencement sera le sommeil* – quelques réflexions sur un poème en prose", *Cahiers Paul Valéry* nº 1, *Poétique et Poésie*. Paris: Gallimard, 1975.

CELEYRETTE-PIETRI, Nicole (org.). *Valéry et le Moi. Des "Cahiers" à l'œuvre*. Paris: Klincksieck, 1979.

JARRETY, Michel. *Valéry devant la littérature. Mesure de la limite.* Paris: PUF, 1991.

JARRETY, Michel. *Paul Valéry.* Paris: Hachette, 1992.

KAO, Shuhsi. *Lire Valéry.* Paris: Corti, 1985.

LAURENTI, Huguette (org.). *"Lectures de Charmes", Revue des lettres modernes*, série Paul Valéry n° 1, Minard, 1974.

LAURENTI, Huguette (org.). *"Recherches sur La Jeune Parque", Revue des lettres modernes*, série Paul Valéry n° 2, Minard, 1977.

LAWLER, James. *Lecture de Valéry. Une étude de Charmes.* Paris: PUF, 1963.

LEVAILLANT, Jean e PARENT, Monique (org.). *Paul Valéry contemporain.* Paris: Klincksieck, 1974.

LUSSY, Florence de. *La Genèse de "La Jeune Parque".* Paris: Minard, 1975.

LUSSY, Florence de. *Charmes d'après les manuscrits de Paul Valéry.* Paris: Minard, 2 vol., 1990 e 1996.

NADAL, Octave. "Poèmes en prose". In *A Mesure haute.* Paris: Mercure de France, 1964.

NOULET, Emilie (org.). *Entretiens sur Paul Valéry.* Paris-Haia: Mouton, 1968.

OSTER, Daniel. *Monsieur Valéry.* Paris: Seuil, 1981.

PICKERING, Robert. *Paul Valéry poète en prose. La prose lyrique abstraite des Cahiers.* Paris: Minard, 1983.

PICKERING, Robert. "Dessiner un discours perdu: Parcours dans *l'Alphabet*". In *Littérature moderne,* n° 2 (org.: A. Guyaux et J. Lawler.). Paris: Champion-Slatkine, 1991.

ROBINSON, Judith. *L'Analyse de l'esprit dans les Cahiers de Valéry.* Paris: Corti, 1964.

ROBINSON, Judith. "Réflexions sur les poèmes en prose de Valéry". In *Bulletin des études valéryennes,* Universidade de Montpellier, n° 23, 1980.

# Notas

## ALFABETO

[N. T.: Na edição original, as notas ao texto do *Alfabeto* aparecem em rodapé. Na presente edição, para permitir uma leitura contínua e límpida do texto principal, agrupei todas as notas nesta seção. Como retirei também a numeração em sobrescrito que, na edição original, aparece ao longo do texto principal, adotei aqui uma outra forma de referência. A conexão das notas com o texto é feita pela palavra ou expressão que, na edição original, é assinalada pela numeração sobrescrita. Isso vale apenas para o texto do *Alfabeto* propriamente dito. O restante das notas segue o formato usual. Todas as notas são de Michel Jarrety. As raras notas do tradutor são assinaladas por N. T.].

**A**

1. Esta versão da letra A, da qual um estado anterior, muito mais curto, está no Caderno *ABC*, foi publicada na revista *Commerce*, no outono de 1925, ao mesmo tempo que as letras B e C. Os três poemas eram apresentados como "Três letras extraídas de um Alfabeto a ser publicado pela editora da Livraria *Sans Pareil*". Um estado diferente aparece nas *Histórias fragmentadas* (O.II.461 e ss.), mas seu título, "*Au commencement sera le Soleil*" resulta de uma leitura errônea da datilografia que, na verdade, registra, como aqui, "*Au commencement sera le Sommeil*". O *incipit* é tomado, não sem razão, do Evangelho de João: é certamente de um nascimento que se trata no poema (ver a nota 4).

2. ANEL DE FUMO. O tema da insularidade atravessa toda a obra, para expressar um sujeito separado: que se leia, por exemplo, "Robinson", ou ainda "A Ilha Xiphos", nas *Histórias fragmentadas*. Mas a referência ao anel de fumo reforça aqui esse significado, uma vez que a mesma imagem, em

*Nota e Digressão*, define o que cerca o Eu e o isola: "Tal como o anel de fumo, todo o sistema de energias interiores visa, maravilhosamente, uma independência e uma indivisibilidade perfeitas" (O.I.1219).

3. NÃO HÁ QUALQUER TROCA ENTRE NÓS. "Ó meu bem soberano, querido corpo, não tenho senão a ti! / O mais belo dos mortais não pode querer senão a si..." ("Fragmentos do Narciso" [O.I.128]).

4. TUA EMANAÇÃO E TEU ANJO. Acréscimo feito à mão numa página destacada da revista *Commerce*: "Sou como fui no seio de minha mãe." Referência essencial a uma liquidez feliz, presente em outros locais do *Alfabeto* e que se pode aproximar do sono do *Senhor Teste*: "Sobrenado. Flutuo!... Sinto um marulho imperceptível por baixo, – um movimento imenso? Durmo uma hora ou duas no máximo, eu que adoro a navegação da noite" (O.II.24).

5. NO REINO DE NOSSOS OLHOS. Acréscimo manuscrito na mesma folha: "pois sou o Deus desconhecido, o conhecimento!"

6. Ó REPOUSO AINDA, REPONHA-*ME*. A utilização do itálico não assinala uma simples mudança no sentido que, de repouso (*repose*), passa para a ação de repor (*repose*). Ela sublinha igualmente o desdobramento do sujeito, já presente num poema inacabado e inédito, uma espécie de *Tombeau* escrito em 1898, após a morte de Mallarmé: "Terra mesclada à erva e rosa leve-me / Leve-me mansamente até que eu chore". Levemente modificados, esses versos serão retomados em *A Jovem Parca* (v. 304-305). [*Tombeau* = coletânea de textos, escritos em homenagem a um escritor falecido. N.T.].

7. EIS AQUI MINHA FADIGA. Os itálicos sublinham aqui a recomposição do sujeito cujo desdobramento teve fim. Quanto à fadiga da aurora, um *Caderno* de 1921 esclarece: "Nada me toca mais do que a manhã de verão [...] / A substância do céu é de uma ternura estranha. Sente-se até o íntimo esse frescor divino que logo será calor. / Sente-se a lassidão antes do trabalho, a tristeza de retomar seu ser / um corpo / um dia mais velho, a esperança, a simplicidade do viver, a promessa e a inutilidade da promessa" (C.VIII.151).

8. MEUS PROJETOS E O DIA. Um fragmento contemporâneo dos *Cadernos* (1925) modula diferentemente a relação complexa entre presença e ausência que este poema compõe: "Aurora e eu – Corpo sempre fatigado que desperta *por sobre* todos os seus pensamentos possíveis – e esse sentimento estranho de ser estranho, estrangeiro, e contudo de ser alguma coisa – Tudo e nada – Substância única e acidente" (C.XI.194).

B

1. Este poema, do qual um estado anterior aparece no Caderno *ABC*, foi igualmente publicado na revista *Commerce*, em 1925. Seu início evoca *A Jovem Parca*: "Deliciosas mortalhas, minha desordem tépida / Leito em que me espalho, me interrogo e me abandono" (v. 465 e ss.). Como já o mostrava a palavra "ressurreição" no final do poema anterior e como o prova o que a este se segue, a associação entre o sono e a morte é frequente em Valéry. A expressão "*linceul vague*" ["mortalha vaga"] é uma possível lembrança do "*Toast funèbre*" ["Brinde fúnebre"] de Mallarmé: "...Um qualquer desses passantes, altivo, cego e mudo / Hóspede de sua mortalha vaga, se transmutava...".

2. DE PÉ! Sob o título de "Canto da Ideia-Mestra" encontra-se em *Mélange* um poema muito próximo deste: "Vamos! De pé! Apresente-se! Escute! / Escute! Desperte-se, quebra suas cadeias, seja [...]" (O.I.357 e ss.).

3. MOSTRA OS SONHOS. Valéry anota num *Caderno* de 1934: "O sonho *macaqueia* [*singe*, no original] o dono ausente, veste suas roupas, suas lembranças, *ao acaso*, mas o macaco [*singe*, no original] ignora" (C.XVII.696).

C

1. Este poema, do qual um estado anterior aparece no Caderno *ABC*, foi igualmente publicado na revista *Commerce*, em 1923.

2. GESTO VIVO DE NADADOR. A presença eufórica no mundo está frequentemente ligada à liquidez. Ver o banho da letra D e "a água profunda" da letra Z.

3. COMEÇO DA PERFEITA TRANSPARÊNCIA. Lê-se num *Caderno* de 1924: "A manhã, na sacada, rasgando estampidos de folhas de janela empurradas, produzo-me, ponho-me no dia e olho *todas as coisas*. O todo – abertura do todo. A palavra e o movimento de *Salve*! – *Salve, natura*, me vêm ao espírito" (C.X.4). São igualmente as palavras de *A Jovem Parca*: "Salve! Divindades pela rosa e pelo sal / E os primeiros jogos da luz jovem, / Ilhas..." (v. 348-350), ou ainda o *incipit*, em *Maus Pensamentos*, das "Notas de Aurora": "SALVE... Coisas visíveis!" (O.II.859).

4. PONTIAGUDAS. Surgindo aqui, após as duas primeiras letras, as estrelas regressarão antes das duas últimas.

5. FRAGMENTO DE GELO DERRETIDO. A imperceptível passagem da noite ao dia encontra-se num outro poema de *Mélange*: "Aurora – Não é a aurora. Mas o declínio da lua, pérola corroída, gelo derretendo-se, e um clarão agonizante que é, pouco a pouco, substituído pelo dia [...]" (O.I.311 e ss.).

6. ENCANTAMENTO DA LUA EVANESCENTE. A chegada das lágrimas, igualmente presente na letra P, não evoca apenas *A Jovem Parca* (v. 280-285): "Não implorarei mais que tuas frágeis claridades, / Há muito tempo sobre meu rosto querendo se derreter, / Muito iminente lágrima, e única a me responder, / Lágrima que faz tremular diante de meus olhos humanos / Uma variedade de fúnebres caminhos." É igualmente um tema que encontra sua fonte profunda no próprio Valéry: "Tenho a impressão de ser um estilete que teria vontade de chorar. Certas coisas que escrevi foram com essa arma feita de lágrimas" (carta inédita de 14 de setembro de 1934, coleção particular). E pensa-se naturalmente em *O Anjo*, de 1945, que "tentava sorrir e chorava" (O.I.205).

7. COM PALAVRAS DESCONHECIDAS. Simulando uma resposta de si para si, o travessão *divide* a própria fala.

8. QUE VOS ULTRAPASSA. Numa folha solta, a nota seguinte parece remeter, em parte, a esse poema: "Alfabeto / Resposta da alma à beleza do dia. / Subitamente, o fundo emotivo, receoso, a precariedade essencial do ser vivo que esconde a própria vida do ordinário, distingue-se através desse límpido instante, obscurece o rosto do mundo para o sol".

**D**

1. Sob o título "O Banho", esta versão da letra D foi publicada na *Revue du médecin*, de 7 abril de 1930.

2. O PENSAMENTO SONHA VAGAMENTE. "Meu corpo torna-se o instrumento direto do espírito, e contudo o autor de todas as minhas ideias", diz um poema em prosa de *Tel Quel*, "Nado", (O.II.667). Leia-se, igualmente, sob o mesmo título, uma página de *Variedade* (O.I.1090 e ss.).

3. SOB O VIDRO DA ÁGUA. Modificando o motivo do vidro, a frase, algumas linhas após o sonho com anjos, faz eco, discretamente, às "Janelas" de Mallarmé: "Contemplo-me e me enxergo anjo!" Em *O Anjo*, de 1945, a transparência vítrea, transformando-se em espelho, se tornará opaca, abrindo-se à divisão dolorosa: "Uma espécie de anjo estava sentado na beira de uma fonte. Ele se contemplava, e se enxergava Homem, e em lágrimas, e se surpreendia muitíssimo de se ver refletido na onda nua como essa figura – tomada de uma tristeza infinita" (O.I.205).

**E**

1. DA JANELA ALTA. O motivo da janela pertence ao imaginário profundo de Valéry: pense-se em "A Fiandeira" do *Álbum de versos antigos* – "Sentada, a fiandeira no azul da janela" – ou em algumas das aquarelas dos *Cadernos*.

Ver também a janela baixa da letra Z. A figura do Anjo quase religioso aparece já nos textos de juventude, em torno de 1891.

2. SEPARADO DE MEU NOME. Valéry nunca deixou de considerar seu próprio nome, figura de seu eu social, como separado de seu ser, e é precisamente porque não se reconhece nele que todos os estados de existência pura fazem dele um homem sem nome. A mesma ideia retorna, aqui, várias vezes: ver o que ocorre, nos momentos do amor, na nota 1 da letra R, na letra V, e na nota final do Anexo IV.2.

3. TANTOS SINAIS DE MOVIMENTO. Um momento comparável de êxtase aparece em "*Meu Fausto*": "RESPIRO... Abro profundamente cada vez, sempre pela primeira vez, essas asas interiores que batem o tempo verdadeiro. Elas transportam aquilo que é, daquilo que foi para aquilo que vai ser... EU SOU, não é isso extraordinário? Sustentar-se por sobre a morte como uma pedra se sustentaria no espaço? Isso é incrível..." (O.II.322).

4. CONSIDERAM MINHA MÃO. *Acréscimo*: Ó mão inumerável que fazes tantas coisas com esses poucos dedos.

**F**

1. Um estado anterior deste poema, bastante diferente, aparece no Caderno *ABC*.

2. PROPRIEDADE VERDADEIRAMENTE ABSOLUTA. Em Valéry, a iminência ou o surgimento da ideia, frequentemente associados com a pura sensação do possível e com a própria embriaguez que se liga a essa potencialidade sem limite, é um tema constante: ver, por exemplo, "Aurora", em *Charmes*, as duas versões da letra E (O.I.351 e II.662) e, nesta coletânea, a primeira versão da letra M ("Mil vezes...").

**G (Gracioso...)**

1. O texto desta letra está bastante próximo do estado manuscrito do Caderno *ABC*.

2. PALPITAM DE PRAZER. A metáfora já aparece num verso do "Cemitério marinho" que a versão definitiva do texto não manteve: "É uma taça ao meu lado posta / Toda a minha sede aí deposita uma gota de orvalho" (*Charmes*, dossiê B.N., ms I, 269).

**G (Graça...)**

1. Um esboço deste poema, datado de 11 de novembro de 1937, encontra-se nos *Cadernos* (C.XX.566). Valéry anotou à margem: "Alph." e previa

colocar esse texto na letra H (Halali). Os *Cadernos* mencionam várias vezes, nos breves fragmentos consagrados à atividade do Espírito, Sócrates e seu *daimon*, essa voz interior que o aconselhava.

2. CAÇA DO DIABO. Conhecida por nomes variados, dependendo da região da Europa, refere-se, numa das versões da lenda, a um grupo de guerreiros-fantasmas que continuariam a se enfrentar depois de mortos. Noutra versão, trata-se de grupos de esqueletos, espíritos ou fantasmas que se divertiriam em amedrontar os vivos. Ou, ainda, seriam caçadores condenados a perseguir uma caça invisível por toda a eternidade. Valéry parece evocar, aqui, a primeira versão Os combatentes seriam as múltiplas ideias em disputa na sua cabeça. Observe-se que "halali" é um termo de caça que, segundo o Houaiss, significa: 1. grito ou toque de trompa que anuncia a rendição iminente do animal; 2. som forte dos latidos da matilha que expressa a satisfação dos cães por estarem prestes a abocanhar a caça; 3. momento final ou queda próxima de alguém ou alguma coisa (N. T.).

**H**

1. O texto segue de muito perto o Caderno *ABC*.
2. EM TODA A SUA FORÇA. Uma página das "Inspirações mediterrâneas" faz do sol, tal como aqui, uma espécie de deus (O.I.1095).

**I**

1. Sob o título de "Meio-dia", este poema, do qual um estado anterior aparece no Caderno *ABC*, foi publicado como abertura de um pequeno álbum de bolso, num estojo vermelho e dourado, produzido por ocasião do 54º baile do X, no Opéra, em 2 de março de 1937. [Baile do X: baile, organizado anualmente, desde 1879, como atividade beneficente, pelos antigos alunos da prestigiosa Escola Politécnica, de Paris. "X" é como, abreviadamente, é conhecida a Escola, por estampar em seu brasão dois canhões cruzados, na forma dessa letra. N. T.] .
2. NÃO BATESSE NO LADRILHO. Um grande cão preto, deitado, é uma das representações frequentes de Anúbis, deus dos mortos.

**J ["Já não sei..."]**

1. Esta versão segue de muito perto o Caderno *ABC*.
2. NADA MAIS QUE O ÚTIL. Mesma ideia em *Tel Quel*: "Para o animal, não se trata de um ato inútil" (O.II.602).

**J ["Janelas se iluminam..."]**

1. Sob o título de "Acolhida do dia", este poema, de 1931, foi publicado na *Revue de France*, em 1º de janeiro de 1932.

2. EM MEU OLHAR. A fórmula se esclarece numa página dos *Cadernos*: "À janela, subitamente, / Percebo / Uma espécie de distância 'metafísica' / Entre aquele que se vê – e este Eu, / Uma espécie de *distância* entre meus olhos e mim / *Mede* algum estado de aprofundamento, / Um afastamento, / Entre aquele que é e aquele que sou – Contudo, é meu olhar que é aquele que é... / O que é essa 'distância'?" (C.XXIV.691).

3. UM ESTRANGEIRO, NA LUZ. A Jovem Parca dizia: "Não lanço ao dia mais que um olhar estrangeiro" (v. 152).

4. QUATRO POMBAS. Pensamos naturalmente no primeiro verso do "Cemitério marinho": "Este teto tranquilo em que passeiam pombas'.

5. ESPLENDOR DE UM DIA. A sacada, por possibilitar uma perspectiva vertical e exterior, será mais tarde associada a um outro retorno sobre si, num poema em prosa dos *Cadernos* de 1942, de tonalidade testamentária e grave, "Estação sobre a sacada": "Subi à sacada, no mais alto da morada de meu espírito [...] Eis aí minha obra – me diz uma voz. / E vi tudo o que eu não havia feito. / E soube, cada vez mais, que eu não era aquele que tinha feito o que eu tinha feito – e que eu era aquele que não tinha feito o que eu não tinha feito – – O que eu não tinha feito era, pois, perfeitamente belo, perfeitamente conforme à impossibilidade de fazê-lo" (C.XXV.618 e ss.).

L

1. Um estado anterior deste poema aparece no Caderno *ABC*.

2. SALTA DE MOSCA EM MOSCA. Bastante próximo de uma página de *Tel Quel* intitulada "Moscas" (O.II.602), este poema também ecoa, discretamente, "A Abelha", de *Charmes*.

3. E QUE SE CRIA. A presença-ausência é uma espécie de estar no mundo, frequentemente evocada na obra. Pensemos no final de um poema em prosa de *Tel Quel*, "London-Bridge": "*Sou o que sou, sou o que vejo*, presente e ausente sobre a Ponte de Londres" (O.II.514).

4. SONHOS DOS REIS. No *Gênesis*, é a capacidade de José para interpretar os sonhos que faz com que saia da prisão em que tinha sido encerrado por ter sido acusado pela mulher de Putifar – comandante da guarda do Faraó – de ter tentado seduzi-la. Na corte da Babilônia, Daniel interpreta, igualmente, os sonhos e as visões (*Livro de Daniel*).

5. PROPÕE TANTA LUZ. O mesmo enigma retorna no outro extremo do dia, na noite profunda das últimas letras.

**M ("Mil vezes...")**

1. Escrita em 1931, esta versão da letra M foi publicada, sob o título "O Único", na *Revue de France* de 1º de janeiro de 1932.
2. MAIS INGÊNUA DE SUAS LEIS. A variação espontânea das ideias, aquilo que no seu vocabulário pessoal, Valéry chama de "Self-variância" é uma das leis do Espírito frequentemente analisada nos *Cadernos*.
3. QUE MAIS SE REPETE. Mais explícita, uma folha solta do dossiê registra: "O corpo não me ensina senão o mais importante e aquilo que mais se repete".

**M ("Mas eis-me aqui...")**

1. Deste poema tardio (1935) existe apenas uma cópia datilografada que traz "Alfabeto" no título e cujas duas primeiras palavras estão datilografadas em vermelho.

**M ("Minha senhora...")**

1. Um estado anterior deste poema aparece no Caderno *ABC*.
2. CORRESPONDE À SUA DURAÇÃO. Acréscimo: Sua massa está em equilíbrio com o tempo. Seu corpo é um século.
3. VIBRAR, CRESCER, PERECER. "No plátano" ou "Esboço de uma serpente", em *Charmes*, desenvolvem invocações comparáveis.

**N**

1. Um estado anterior deste poema aparece no Caderno *ABC*.
2. BATIAM QUASE IGUAL. "*Meu Fausto*" apresenta um momento exatamente inverso daquele que aparece aqui: não apenas é um homem (Fausto) que oferece uma rosa a uma mulher (Lust), mas, diferentemente da distância opaca que se revela aqui, estabelece-se uma relação de transparência íntima entre os dois seres: "Ele fala, e eu para mim; e nossas palavras não se trocam – diz Lust, à meia voz. E. contudo, não é possível que não haja entre o que ele sente e o que eu mesmo sinto uma semelhança... viva" (O.II.323).

**O ["Ora..."]**

1. Deste texto muito próximo do Caderno *ABC*, que dele registra dois estados, existe uma única cópia datilografada. Valéry anotou numa pequena folha solta: "Letra O / Amor. / Impossibilidade das trocas entre o Todo e o Todo / o Todo com o Todo não faz troca. / O Todo se abandona. / Os que dormem junto e se perdem em seus membros". Uma nota dos *Cadernos* (p. 141), parcialmente idêntica, permite datá-la como sendo de 1928.

**O ["Ouvimos e nos calamos."]**

1. Deste poema, muito próximo do anterior pela tonalidade, mas escrito bem mais tarde (1935), existe uma única cópia datilográfica, em tinta vermelha, sobre a qual Valéry escreveu a letra "O" com lápis de cor azul.

**P**

1. Uma versão anterior deste poema aparece no Caderno *ABC*.
2. IMPEDIR DE FAZER-SE OUVIR. Numa folha separada, Valéry anotou: "Alfabeto / P / O pôr do sol / Crepúsculo – despoja-se, esvazia-se, tendo-se ultrapassado. / Objetos sem nome – tons alaranjados – então nasce o desejo. / Vasta bacia – teatro prodigioso."

**Q**

1. Este poema segue de muito perto o Caderno *ABC*, no qual aparece também uma outra versão muito breve e logo abandonada da letra Q, que já evoca Vênus.
2. SONHO DO SOL QUE ADORMECEU. Este texto é bastante próximo de "Profusão do fim de tarde" (*Álbum de versos antigos*) em que se encontram, particularmente, estes versos: "Ali me chama o mar!... Ali se inclina a ilustre / Vênus Vertiginosa com seus braços derretidos!" [Deve-se ler "rosa" (flor) como aposto de Vênus, isto é, "Vênus [...], rosa, [...]". A mesma observação vale para "o primeiro sonho do sol que adormeceu". Isto é, Vênus, além de mergulhar "nos gritos de pássaros" e de ser uma "rosa", é também "o primeiro sonho do sol que adormece". N. T.].

**R**

1. Sob o título "A Volta", este poema, do qual uma versão anterior aparece no Caderno *ABC*, foi publicado na *Revue de France* de 1° de janeiro de 1932. Valéry anotou num pequeno cartão: "Alfabeto. R. Análise do outono. / Começo de grande tristeza / *A ternura pelo terror* / terrível, deliciosa e aguda / mortal e profunda. / Esses ternos terrores, essas sensações de ser sem nome de que somos feitos. / Procurai bem no fundo do amor e aí encontrareis outra coisa que não o amor. / O sentimento daquele que está em nós e não tem nome. / Da carícia / Da voz (jardim). / Místico dessas coisas [...]". Sobre o tema da carícia, pode-se ler o texto sobre Eros (Anexo II.1).
2. REFUGIAR-SE NUMA EXISTÊNCIA. Esse estreitamento doce e cerrado parece ter sido, em Valéry, um reflexo antigo de insularidade protetora, como atesta uma nota de 1935: "Eu tinha talvez seis, talvez oito anos. Metia-me em baixo dos lençóis, retirava a cabeça e os braços de minha longuíssima camisola de dormir e dela fazia um saco no qual me encerrava como um

feto, envolvendo o torso nos braços e repetindo para mim mesmo: *Minha casinha – minha casinha*" (C.XVIII.218).

**S**

1. Este poema, do qual uma versão anterior aparece no Caderno *ABC* foi publicado sob o título "O Jantar", num número de homenagem a Ramuz, na revista *Suisse romande* de 15 de setembro de 1938 (nº 4). [Charles Ferdinand Ramuz (1878-1947), poeta suíço. N. T.].

**T ["Tenho, subitamente..."]**

1. Esta versão da letra T segue o Caderno *ABC*, que dela oferece dois estados diferentes. Três cópias datilográficas levam por título: "Esboço de um Poema", "Expectativa / Esboço de um Poema", e "Esboço de um poema da aproximação".

**T ["Tu és bela..."]**

1. Deste poema, escrito bem mais tarde que o anterior (1935), existe apenas uma cópia datilográfica, em tinta vermelha, feita pelo próprio Valéry. Pode-se, certamente, pensar no verso que abre "A Beleza", de Baudelaire – "Sou bela, ó mortais! como um sonho de pedra" – mas o texto reproduzido no Anexo II.1 ("Eros"), e que é já uma espécie de poema, mostra, mais claramente ainda que esta versão da letra T, como a carícia faz do homem esse Pigmaleão que verdadeiramente molda o corpo da mulher e o cria.

**U**

1. Bastante diferente, um estado anterior deste poema aparece no Caderno *ABC*.

**V**

1. Um estado anterior do poema aparece no Caderno *ABC*.

**X**

1. Um estado anterior deste poema aparece no Caderno *ABC*. Não passa de um esboço que termina assim: "Meia-noite: não existe mais hora: 0." Eco mallarmeano? Além de "a Angústia, esta meia-noite", o "Soneto em yx", cujo centro é a ausência e a interrogação, evoca, de uma maneira muito próxima desta página, o "séptuor das cintilações". O motivo da estrela como signo do estranho já aparece em *A Jovem Parca*: "Onipotentes estrangeiros, inevitáveis astros / Que vos dignais fazer brilhar no longínquo temporal / Qualquer coisa de puro e de sobrenatural [...]" (v. 18-20). Na mesma época, em 1916, sob o título "Céu", Valéry anota nos *Cadernos*: "Sou o lugar geométrico, o

ponto / Igualmente ignorado de todos os astros / Igualmente ignorante... Eu e Eles. / Espanto imenso de estrelas separadas" (C.VI.109).

2. MEMBROS DA LETRA IMAGINÁRIA. Não é indiferente que essas estrelas pertençam à constelação de Orion, novamente evocada na letra Z, uma vez que a própria lenda está relacionada ao olhar amoroso, pois Enopion cegara Orion, que havia se apaixonado por sua filha.

3. NADA MAIS ADMIRÁVEL. Sentido clássico, em que a admiração supõe o espanto.

4. AQUILO QUE ELE NÃO CONHECE. Nas reflexões que, de um ponto de vista teórico, ele faz sobre a linguagem, a questão suscitou muito cedo o interesse de Valéry: "Pode-se fazer qualquer coisa com o que o não existe: pode-se nomeá-lo" (C.I.349).

5. EM SUSPENSÃO DIANTE DE MEU SILÊNCIO. Eco de Pascal: "O silêncio eterno desses espaços infinitos me dá medo" (fgt 206, ed. Brunschvicg)? Sabe-se que Valéry atacou-o energicamente na "Variação sobre um *Pensamento*" de *Varieté* (O.I.458-473).

Y

1. Na letra Y, o Caderno *ABC* registra apenas essas três palavras [refere-se às palavras iniciais do original francês, "*Y a-t-il*"], seguidas de "pensando". Desse poema existe apenas uma cópia datilográfica, feita por Valéry.

2. ESSE RESTO DE AMOR. Alusão, seguramente, à letra V, mas também eco da *Parca*: "E esse resto de amor que o corpo reservava para si" (v. 479).

3. PERMITE PENSAR FINALMENTE. Coloco um ponto final na frase, mas o manuscrito não traz esse ponto, e a frase talvez tenha ficado inacabada.

Z

1. O Caderno *ABC* propõe, na mesma página, três breves esboços, a partir de *Zona*, de *Zelo* e de *Zênite*, e o dossiê da Biblioteca Nacional não compreende qualquer poema que corresponda à letra Z. Este aqui, que registra "Alfabeto" após a palavra "Zênite", aparece num *Caderno* de outubro de 1930 (C. XIV.638). Valéry anotou numa folha separada estas linhas, que se encontram também num *Caderno* de 1937 (C.XX.704): "Alfabeto (Z). / A hora do absoluto – Hora em que todas as coisas se despojam do que devem ao hábito, à expediência, às afecções de medo e de esperança, à consideração dos outros e do mundo, – e se parecem com essas e como que ao lado delas, que lhe conferiam *valores*; mas no momento, vê-se (durante pouco tempo) que os valores também são coisas e que as desigualdades fazem parte

do igual... / Eu puro – ou o sentimento da Equivalência total, isto é, (E, M, C) são Não-Eu."

2. Ó CINTA. Em "A Cinta", de *Charmes*, é o mesmo motivo que assegura o vínculo entre o ser e a desaparição da tarde silenciosa: "Esta cinta vagabunda / Faz no sopro aéreo / Vibrar o supremo vínculo / Entre meu silêncio e o mundo...".

POSFÁCIO

1. Aqui, tal com nas notas ao texto do *Alfabeto*, as referências remetem, quanto aos *Cadernos*, aos 29 volumes da edição do C.N.R.S. (1957-1961) e, quanto às *Obras*, aos dois volumes que Jean Hytier organizou para a Biblioteca da Pléiade (1957 a 1960).
2. Valéry, entretanto, pensará nisso tardiamente, uma vez que anota no *Caderno* de 1938: "Alfabeto. V.X.Y.Z. Sonhos?" (C.XXI.374).
3. Ver a entrevista reproduzida no Anexo I.4.
4. Os mais completos deles são reproduzidos no Anexo III.
5. Algumas dessas notas estão no Anexo IV.
6. Encontrar-se-á, no Anexo I.1, um histórico mais detalhado do texto.

ANEXOS

1. Pascal Fouché: *Au Sans Pareil*, Biblioteca de literatura francesa contemporânea da Universidade Paris VII, 1983, p. 46.
2. Esta nota está reproduzida no final do Anexo IV.2.
3. *Plaisir de Bibliophile*, gazeta trimestral publicada pela editora *Sans Pareil*, nº 18, julho de 1929.
4. No dia 15 de março de 1926, René Hilsum escreveu a Valéry: "Soube, com prazer, para vossa tranquilidade, que vossa recepção [à Academia Francesa] não ocorrerá provavelmente antes do fim do ano e que, assim, vós ganhastes um pouco de descanso ao menos sob esse aspecto e, egoisticamente, formulo votos para a conclusão do *Alfabeto*!" (*in* P. Fouché, *Au Sans Pareil*, *op. cit.*, p. 68).
5. A pedido de Valéry, e provavelmente porque ela marcava um envolvimento que ele sabia não poder ou querer manter, a frase entre colchetes não foi publicada (ver P. Fouché, *Au Sans Pareil*, *op. cit.*, p. 68).
6. Vários poemas de Valéry têm *Salmo* como título, particularmente em *Mélange*.

7. A respeito desses quatro poemas publicados pela *Revue de France*, Valéry anota nos *Cadernos*: "6/1/32. Na Academia, Bazin me puxa de lado e, para minha grande surpresa, faz grandes elogios aos meus *Poemas Abstratos*, publicado na *Revue de France*! O tom místico desses fragmentos – deve tê-lo impressionado. Caio das nuvens. A obscuridade desses ensaios sobre os quais estou muito pouco satisfeito não o desagradou nem o chocou!..." (C.XV.453). [René Bazin (1853-1932)].

8. Trata-se, na verdade, de *Plaisir de Bibliophile*.

9. Um texto bastante próximo desse, e que traz à margem a menção "Alph / Er", encontra-se num *Caderno* do final de dezembro de 1937 (C.XX.710). Valéry retomou-o em *Mélange*, em que constitui a quinta parte de uma série de pequenos textos intitulados "Estrangeiridades" (O.I.334).

10. Um outro plano, que Valéry interrompeu na letra D, é quase idêntico a esse. A letra C traz: "segundo despertar".

11. Um outro plano, grosseiramente esboçado traz, de N a Q, a abreviação "Er" (em letras gregas). O texto reproduzido no Anexo II amplia, de S a Z, o lugar do amor, enquanto a nota final do Anexo IV, limita-o a S.T.U.V. Um plano quase idêntico encontra-se num *Caderno* de 1935 (C.XVIII.181).

12. Nota de um *Caderno* de 1927 (C.XII.360).

13. Nota de um *Caderno* de 1927 (C.XX.389).

14. Nota tardia.

15. Acréscimo manuscrito e registrado a lápis numa cópia datilográfica.

16. Nota de um *Caderno* de 1927 (C.XII.386).

17. Palavra grega: dona, senhora.

18. Nota de um *Caderno* de 1928 (C.XIII.28).

19. Nota datilografada no verso de uma carta datada de 1938.

## HISTÓRIA DESTE ALFABETO ILUSTRADO [CONTRACAPA]

1. Este texto aparece numa pasta que traz o título *Prefácio, etc.*, escrito, à mão, por Valéry. Datilografado por ele próprio em preto e vermelho, está ornado, na parte superior e na parte inferior, por uma espécie de friso composto por diferentes sinais e letras às vezes superpostos.

Qualquer livro do nosso catálogo não encontrado nas livrarias pode ser pedido por carta, fax, telefone ou pela Internet.

Rua Aimorés, 981, 8º andar – Funcionários
Belo Horizonte-MG – CEP 30140-071

Tel: (31) 3222 6819
Fax: (31) 3224 6087
Televendas (gratuito): 0800 2831322

vendas@autenticaeditora.com.br
www.autenticaeditora.com.br

Este livro foi composto com tipografia Bembo e impresso em papel Chamois Dunas Fine 80 g na Formato Artes Gráficas.